...LOSOPHES ET PENSEURS

A. DUFRÉCHOU

Professeur à l'Institut Catholique
de Toulouse

GOBINEAU

412 — SCIENCE ET RELIGION — Études pour le temps présent

BLOUD & Cie

ANNALES DE PHILOSOPHIE CHRÉTIENNE

Secrétaire de la Rédaction : L. LABERTHONNIÈRE

ABONNEMENTS

Par an : France, **20** francs ; Union postale, **22** francs
Le numéro : **2** francs.

MAINE DE BIRAN

par G. Michelet

Professeur à l'Institut catholique de Toulouse

1 vol. Prix : **3** francs ; *franco*.............. **3 fr. 50**

Les discussions récentes sur la valeur des méthodes apologétiques ont à nouveau attiré l'attention sur la philosophie religieuse de Maine de Biran. Elle offre d'abord cette particularité qu'elle nous montre un philosophe, d'abord engagé dans le sensualisme, s'en détachant bientôt par une observation plus exacte de lui-même, pour s'élever jusqu'à Dieu et au christianisme. L'histoire de ses travaux est l'histoire de son évolution religieuse, bien plus, l'histoire de l'âme humaine tourmentée par le besoin de croire et par le désir de s'appuyer sur ce qui ne passe pas.

Ces pages apparaissent ainsi comme une démonstration concrète de ce témoignage de l'âme *naturaliter christiana* qu'invoque si magnifiquement Tertullien ; moins larges d'aperçus que les *Pensées* de Pascal auxquelles on ne peut s'empêcher de les comparer, elles ont sur celles-ci l'avantage de décrire, dans leur continuité, les étapes d'une conversion : elles nous offrent par là un exemple pris sur le vif de cet *Itinerarium mentis ad Deum*, dont saint Bonaventure et plus tard Newman ont tenté de donner la formule. Maine de Biran apparaît donc bien comme l'un des précurseurs de l'apologétique contemporaine.

En étudiant sa doctrine, M. Michelet a surtout voulu, par le choix des extraits, reproduire cette évolution religieuse, et montrer d'une façon expérimentale les ressources que la psychologie peut fournir à l'apologétique et aussi l'insuffisance pour mener à la foi de l'analyse exclusive de l'âme humaine. Dans les trois parties de l'ouvrage sont étudiés tour à tour en Biran le psychologue, le moraliste, le chrétien.

GOBINEAU

PAR

Alfred DUFRÉCHOU

Professeur à l'Institut catholique de Toulouse.

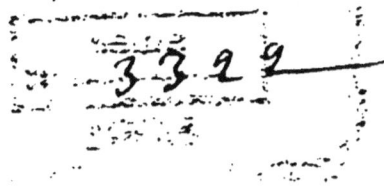

PARIS

LIBRAIRIE BLOUD & Cⁱᵉ

4, RUE MADAME, 4

1907

Reproduction et traduction interdites.

MÊME COLLECTION

GOBINEAU

INTRODUCTION

Il est un sociologue français qui jouit parmi nous d'une gloire posthume : le comte de Gobineau.

Cette gloire, Gobineau la doit, selon les uns, à son talent de littérateur ; selon les autres, à son génie de sociologue.

Nous voulons étudier l'un et l'autre. Gobineau se recommande, au point de vue littéraire, comme conteur et nouvelliste ; au point de vue sociologique, comme théoricien de « l'impérialisme » soit collectif soit individuel, comme champion du surpeuple et du surhomme. Nous insisterons sur sa doctrine impérialiste, en raison de l'influence qu'elle a exercée sur la pensée contemporaine.

Gobineau nous vient d'Allemagne : c'est l'Allemagne qui l'a découvert, c'est Richard Wagner en personne qui nous l'a révélé.

Wagner rencontra Gobineau en Italie, subit le charme de cet esprit profondément original, lut ses ouvrages, les trouva pleins d'idées neuves et géniales, et s'en inspira même dans l'élaboration dernière de ses propres théories philosophiques et artistiques.

Le grand artiste allemand accorda résolument au grand sociologue français son admiration et son amitié, sentiments dont il était peu prodigue.

Gobineau a bénéficié de ces sentiments : c'est à Wagner et à l'école wagnérienne qu'il doit sa grande renommée, les Allemands diraient sa gloire. Wagner le fit connaître et admirer autour de lui. Fidèles à la pensée du maître, ses disciples rivalisent de ferveur gobinienne persuadés que louer Gobineau, c'est louer encore Wagner.

Non contents de raconter sa vie, d'analyser et de commenter son œuvre, dans les *Bayreuther Blätter*, journal officiel du wagnérisme, ils ont fondé, en 1894, une association, la Gobineau-Vereinigung, destinée à éditer ou traduire ses ouvrages et à répandre ses idées. Cette association compte environ 200 membres, dont deux Français, MM. Edouard Schuré et Paul Bourget. Elle fonctionne sous le haut patronage de deux wagnériens bien connus, le prince Philippe d'Eulenburg (1) et le baron Hans de Wolzogen — et sous la direction de M. Ludwig Schemann, professor à Fribourg-en-Brisgau.

Ce M. Schemann est admirable d'enthousiasme et de dévouement. « Richard Wagner, écrit-il, fut le premier qui m'ait parlé de Gobineau et sur le ton d'un débordant enthousiasme. Il ne pressentait pas alors ce que ce grand mort devait un jour devenir pour moi. Mais quand je me reporte aujourd'hui à ces heures sacrées, je ne puis les interpréter autrement que voici. Il semble que Wagner m'ait conduit vers ce solitaire abattu loin de tout flot humain avec son drapeau de vérité, et m'ait dit : Sauve-le. » M. Schemann croit donc avoir reçu du ciel et de Wagner la mission de travailler à la gloire de Gobineau, et il s'acquitte de cette mission avec un zèle pompeux, mais un zèle d'apôtre. Schemann a voué à Gobineau sa vie entière. Il a traduit en allemand les œuvres principales du comte, les présentant au public sur un ton dithyrambique.

Après Schemann, les gobinistes allemands les plus considérables sont Kretzer (2) et Chamberlain. Ce Chamberlain n'est pas le lord anglais, mais Houston

---

(1) Plus connu sous le pseudonyme de Philippe de Hertefeld.
(2) *J. A. Graf von Gobineau. Sein Leben und sein Werk* (Leipzig 1902.)

Steward Chamberlain, auteur des *Assises du* xix\ *siècle* (1) où le Kaiser va puiser l'inspiration de son impérialisme politique et mystique.

En ce moment Gobineau fait fureur en Allemagne. On le joue au théâtre. Cette année même, au mois de janvier, la ligue des artistes de Leipzig a organisé une brillante représentation de 8 scènes dialoguées tirées de la *Renaissance*. Schemann prédisait dès 1903 qu'une représentation de ce genre produirait une « impression foudroyante ». Nous n'en avons pas eu d'autre nouvelle.

La France s'éprend à son tour du comte de Gobineau, après l'avoir longtemps ignoré ou méconnu. Il faut avouer que, pendant sa vie, Gobineau ne fut pas prophète en son pays. Les savants le tenaient pour un amateur ; les hommes de lettres pour un érudit, les gens du monde pour un original. Récemment encore, M. Anatole France disait à un conférencier : « Vous allez, paraît-il, nous parler de Gobineau. Je l'ai connu. Il venait chez la princesse Mathilde. C'était un grand diable, parfaitement simple et très spirituel. On savait qu'il écrivait des livres, mais personne ne les avait lus. Alors il avait du génie ? Comme c'est curieux ! » Cette ignorance ou indifférence du public s'explique un peu par le caractère transcendant de l'œuvre de Gobineau. Voici ce qu'il écrit dans la Dédicace de son *Essai sur l'inégalité des races humaines :*

« Il ne m'appartenait pas, et je n'y ai pas songé, de quitter les régions élevées et pures de la discussion scientifique pour descendre sur le terrain de la polémique contemporaine. Je n'ai cherché à éclaircir ni l'avenir de demain, ni celui même des années qui vont suivre. Les périodes que je trace sont amples et larges. Je débute avec les premiers peuples qui furent jadis, pour chercher jusqu'à ceux qui ne sont pas encore. Je ne calcule que par série de siècles. Je fais, en un mot, de la *géologie morale*. Je parle rarement de l'homme, plus rarement encore du citoyen ou du sujet,

_____

(1) *Die Grundlagen des XIX\ Iahrhunderts.*

souvent, toujours de différentes fractions ethniques, car il ne s'agit pour moi, sur les cimes où je me suis placé, ni des nationalités fortuites, ni de l'existence des Etats, mais des races, des sociétés et des civilisations diverses. »

Des considérations de si haute envolée risquent de décourager les meilleures volontés.

Il y a bien eu, en France, quelques connaisseurs en gobinisme : tel Jacques de Boisjolin, auteur des *Peuples de France*, travail excellent d'ethnographie nationale (1) ; tel Vacher de Lapouge, auteur de *l'Aryen* et des *Sélections sociales* (2) ; et quelques autres... Mais ce sont surtout les « critiques » qui ont attiré l'attention sur Gobineau. Et d'abord M. André Hallays : il flânait à Carlsbad, en 1899, quand il surprit sur les lèvres de deux professeurs allemands un nom qui sonnait bien français : il feuilleta Gobineau et, dans un article remarquable (3), il porta sur Gobineau écrivain un jugement qui, aux yeux de maint gobiniste fervent, passe pour définitif. Bientôt après, M. Schuré consacre une étude brillante à l'auteur de *Renaissance* (4) ; Albert Sorel raconte ses souvenirs personnels (5). Viennent enfin les études de longue haleine, celles de M. Robert Dreyfus et de M. Ernest Seillière. M. Robert Dreyfus a fait, pendant l'hiver 1904-1905, à l'Ecole des Hautes Etudes sociales, une série de conférences sur Gobineau. Ce fut un succès. Ces conférences alertes et pénétrantes, il les a publiées sous le titre : *La vie et les prophéties du comte de Gobineau* (6). Mais notre gobiniste le plus averti et le plus distingué, c'est M. Seillière. Il a publié, en 1903, sur *Le comte de Gobineau et l'aryanisme historique* (7) un volume d'érudition minutieuse et de fine critique, vrai livre de chevet de

(1) Paris, Didier, 1878.
(2) Paris, Fontemoing, 1896.
(3) *Journal des Débats*, 6 octobre 1899.
(4) *Précurseurs et révoltés*. Perrin. 1904.
(5) *Temps*, 22 mars 1904.
(6) *Cahiers de la quinzaine*. Calmann-Lévy, 1905.
(7) Paris, Plon, 1903.

tout gobiniste qui se respecte. M. Seillière suit avec beaucoup d'attention le mouvement gobiniste allemand, comme on peut le voir dans la *Revue des Deux Mondes*. M. Seillière est notre Schemann, mais un Schemann français, qui sait comprendre avant d'admirer, et qui sait admirer avec esprit et discrétion.

Aujourd'hui Gobineau est à la mode. M. Morland vient de faire un recueil de *Pages choisies du comte de Gobineau*, Société du Mercure de France (1). On parle de Gobineau partout, dans les revues, dans les journaux, même dans le *Petit Parisien* qui publiait récemment un article intitulé « *Soyons gobinistes* ».

Qu'était-ce donc que le comte de Gobineau ?

Une figure des plus originales. Un légitimiste qui, sous l'Empire et jusqu'en 1877, est ambassadeur en Europe, en Asie, en Amérique. Et ce diplomate est philologue, poète, nouvelliste, historien et sociologue.

---

(1) Paris, 1905. C'est dans ce recueil, à la portée de tous, que nous prendrons nos citations.

BIOGRAPHIE

« Jamais homme, disent les amis de Gobineau, n'a mis autant de lui dans ses œuvres. » Il faut donc commencer par faire connaître l'homme, son caractère, sa vie.

Divisons sa vie (1) en deux périodes ; celle qui précède l'*Essai*, son ouvrage capital, et qui va de 1816 à 1853 ; et celle qui va de 1853 à sa mort, en 1882.

La première période est la période de formation et de préparation. Période importante, car un homme est ce que le fait l'éducation qu'il reçoit avant vingt ans et surtout l'éducation qu'il se donne entre vingt et trente ans.

Dans l'éducation que reçut Gobineau, se dessinent trois tendances qui imprimeront à sa vie une direction particulière : la tendance légitimiste et catholique, sous l'influence de sa famille ; la tendance germanique, sous l'influence de ses premières études ; la tendance orientaliste, sous l'influence de ses lectures préférées.

Toute sa famille était légitimiste et catholique.

Son père, Louis de Gobineau, sortit de France pendant les Cent-Jours et devint, sous Charles X, capitaine de la garde royale. Il considérait, paraît-il, Voltaire comme un diable et Charles X comme un saint.

Son oncle, Thibaut-Joseph, était un fanatique. Après le 9 thermidor, il traquait à Bordeaux les Jacobins, le pistolet au poing. Après la Restauration, il se retira à Paris, soupirant après le rétablissement des Bourbons de la branche aînée, passant tout son temps à lire, à dévorer les journaux de la bonne cause et à préparer sur le papier des conspirations peu dangereuses. C'est chez lui qu'à l'âge de 19 ans, vint habiter le jeune Arthur de Gobineau. L'oncle reçut assez mal ce neveu

---

(1) Joseph-Arthur, comte de Gobineau, naquit à Ville-d'Avray, le 14 juillet 1816, et mourut à Turin, le 13 octobre 1882.

qui ne rêvait que science, et il passa trois semaines
sans lui adresser la parole. Le pauvre neveu finit par
perdre patience, va le trouver et lui déclare qu'il veut
séance tenante se brûler la cervelle. Thibaut-Joseph
s'humanise et le fait son héritier.

La sœur unique d'Arthur, Caroline, d'une santé très
frêle, prit, en 1869, l'habit religieux sous le nom de
mère Bénédicte, à l'abbaye de Sainte-Cécile de Soles-
mes. Elle vécut presque toujours.séparée de son frère,
mais une longue et intime correspondance ne cessa de
les unir, et c'est sans doute à cette douce influence
qu'il dut de rester catholique.

Toutes ces traditions de famille laissèrent dans l'âme
du comte une empreinte ineffaçable.

Ses premières études lui firent aimer l'Allemagne.
Son précepteur était un ancien élève de l'Université
d'Iéna qui le familiarisa de bonne heure avec les diffi-
cultés de la langue allemande. Puis il fit trois années
d'études classiques au collège de Bienne, en Suisse.
Sa mère, un jour, vint le prendre et l'amena vivre plusieurs mois dans un vieux burg du grand-duché de Bade.
« L'Allemagne se présenta à ses yeux sous un aspect
pittoresque et féodal qui le captiva pour toujours. »

Enfin il aima cet Orient mystérieux qu'il entrevoyait
à travers les *Mille et une nuits*, son livre préféré. « Il
parlait volontiers par images, écrit Mme la comtesse de la Tour, et se laissait entraîner, pour l'amuse-
ment de sa sœur et de ses amis, à l'invention des
histoires les plus merveilleuses. Très jeune de caractère
et d'une gaieté enfantine, il exigeait que son auditoire
s'assît autour de lui, à la manière orientale et fût revêtu
de costumes analogues à ceux de ses héros imaginaires.
La verve de ses amusantes improvisations était intaris-
sable, et cette gaieté brillante, qui tout en se transfor-
mant avec l'âge, ne l'abandonna jamais, fut le soleil
de sa vie (1). » Et remarquons que l'on était, à cette
date, en pleine fièvre romantique. *Les Orientales* de
Victor Hugo sont de 1828.

(1) Préface d'*Amadis*.

Nous avons ainsi, vers 1834, un jeune aristocrate, fidèle aux traditions de sa caste, séduit par la science et la vie d'outre-Rhin, et rêvant de civilisations orientales. Sa première formation intellectuelle, fantaisiste et capricieuse, ne favorisa guère le développement harmonieux de ses facultés. Dans les terres incultes ou mal cultivées, la végétation peut être riche et luxuriante, mais les plantes les plus vivaces étouffent les autres. Gobineau fit ses études en amateur : l'imagination y trouva son compte, elle put se développer et s'enrichir en toute liberté. C'est elle surtout qui lui suggérera son épopée ethnologique. Or, si l'imagination est parfois créatrice, elle reste souvent, dans les sciences plus que partout ailleurs, la folle du logis.

Cependant, pour faire plaisir à son père, Gobineau prépare Saint-Cyr. Mais, comme dit M. Seillière, « les caractères persans et sanscrits se substituèrent trop souvent aux formules algébriques sur les tableaux de l'école ». Gobineau sollicite enfin la permission de suivre sa vocation intellectuelle. Le père se résigne ; Arthur de Gobineau sera un savant. Le jeune légitimiste va demander à la science d'occuper une vie que la révolution de 1830 mettait en disponibilité.

Après un séjour de quelques mois en Bretagne, il part pour Paris. C'est alors, c'est-à dire en 1835, que commence sa seconde éducation, la seule sérieuse.

Il s'adonna tout entier aux études orientales et s'employa à recueillir les matériaux de son *Essai*, œuvre qui témoigne d'une lecture considérable. Gobineau s'y montre au courant des découvertes les plus récentes de l'anthropologie. « Je n'aborderai point, dit M. Dreyfus, le détail de l'analyse à laquelle M. de Gobineau soumet les doctrines anthropologiques accréditées de son temps notamment les systèmes de Camper, de Blumenbach, de Morton, d'Owen, de Carus, de Prichard et de plusieurs autres. Ces discussions seraient pour nous d'un caractère trop spécial : il me suffira d'indiquer qu'aucune des acquisitions réalisées ou des conjectures ébauchées de son temps, dans le domaine de la physiologie, de la crânologie ou de l'ethnologie n'a échappé à Gobineau ;

et je signale après M. Kretzer, l'abondance de sa documentation en fait d'ouvrages étrangers et surtout d'ouvrages allemands » (1).

Il faut signaler aussi ses connaissances très étendues encore que parfois fantaisistes, en philologie proprement dite : pour établir l'origine de tel ou tel peuple, il s'appuie très souvent sur la filiation des idiomes.

Le 15 avril 1841, il publia dans la *Revue des Deux Mondes* une étude sur Capodistrias qui attira sur lui l'attention de M. de Tocqueville. L'auteur de la *Démocratie en Amérique* décida de son avenir.

Ministre des affaires étrangères du prince Louis-Napoléon, Alexis de Tocqueville montra combien il appréciait le jeune savant en l'appelant au poste de chef de cabinet. Aussitôt après la chute de son protecteur, Gobineau obtint comme compensation du général d'Hautpoul, ancien ami de son père, le titre de secrétaire à la légation de Berne. Sa carrière diplomatique commençait. Il va donc à Berne, puis à Francfort où il rencontre M. de Bismarck, met la dernière main à son grand ouvrage l'*Essai sur l'inégalité des races humaines*, qu'il publie chez Didot, par moitiés, en 1853 et en 1855. Le comte de Prokesch-Osten, président de la Confédération germanique, lui dit un jour : « Ce monsieur de Gobineau, qui a écrit sur les races humaines, est-il de vos parents ? — C'est moi, monsieur. — Vous ? Et si jeune ! » Ce dialogue fut le point de départ d'une amitié qui ne se démentit jamais.

L'*Essai* étant le centre du gobinisme, nous passerons plus rapidement sur la deuxième période de la vie du comte, car elle ne nous intéresse que dans la mesure où les idées de l'*Essai* se modifient : or elles ne se modifient guère qu'après 1870.

Gobineau représenta la France à Téhéran, pendant une huitaine d'années. Téhéran, la Perse, c'était l'Orient, le pays de ses rêves, et l'Orient l'enchanta, comme on peut s'en convaincre en lisant *Trois ans en*

---

(1) DREYFUS, *op. cit.*, p. 105-106.

Asie (1859), *Histoire des Perses* (1869), *Nouvelles asia-tiques* (1876).

Un instant, l'orientaliste oublia les théories de l'*Essai*, théories plutôt sévères pour les peuples de l'Orient. Mais le sociologue se ressaisit bientôt, et l'*Histoire des Perses* continue tout simplement l'*Essai*.

De Téhéran, on envoya notre diplomate à Athènes, puis à Rio-de-Janeiro, où l'empereur don Pedro l'honora de sa bienveillante amitié.

Mais la jeune Amérique était un lieu d'exil pour un savant épris de civilisations antiques : il nommait « paysages inédits » ces paysages sans histoire et sans passé. Le climat d'ailleurs l'éprouva. Il dut prendre un congé. Il vint passer ce congé dans son château de Trye-en-Vexin ; il l'avait acheté en 1857, avec l'héritage de l'oncle. Ce château était à six lieues de Gournay, dans le pays de Bray ; Gobineau voyait là le berceau de sa famille. Un pirate norvégien, descendant d'Odin et de la pure race ariane, Ottar-Jarl, avait conquis le pays de Bray et fondé à Gournay la maison féodale de ce nom. Aux Gournay de Normandie, notre sociologue rattachait, non sans peine, les Gobineau de Bordeaux, et en vertu de cette laborieuse généalogie, il croyait vivre aux lieux mêmes où avaient vécu ses ancêtres arians.

La guerre de 1870 entre son pays d'origine et son pays d'élection scientifique l'émut vivement. Il fit son devoir de Français. Maire de Trye, il intervint auprès du vainqueur, et, après l'armistice, la ville de Beauvais lui témoigna publiquement sa reconnaissance.

Mais cette crise fut terrible pour lui. C'est de cette époque que date une légère déviation de ses théories ethniques et une tendance de plus en plus marquée vers le stoïcisme et l'ascétisme. Gobineau se replie sur lui-même, et depuis 1880 jusqu'à sa mort, on peut suivre les traces de cette transformation dans le détail de sa vie, dans ses conversations, sa correspondance, ses ouvrages. *Les Pléiades* en sont la traduction très fidèle. Avec l'*Essai*, les *Pléiades* nous paraissent être son œuvre la plus importante et la plus significative.

En 1872, Gobineau accepta le poste d'ambassadeur

à Stockholm, et il demeura jusqu'en 1877 dans la Scandinavie, patrie d'Ottar-Jarl. En 1876, il fit avec l'empereur don Pedro un grand voyage en Russie, en Turquie et en Grèce. Le retour se fit par Rome où Gobineau rencontra pour la première fois Richard Wagner.

A Paris, l'on trouva les opinions du comte trop rétrogrades, sa franchise trop importune, son attitude trop arrogante : on le mit d'office à la retraite. Le ressentiment qu'il garda de cette disgrâce, des embarras d'argent qui l'obligèrent à vendre son château de Trye, une maladie des yeux qui lui interdit bientôt toute lecture, l'indifférence du public pour ses ouvrages, tout cela vint assombrir ses dernières années. Mais il supporta ces infortunes avec la dignité stoïque d'un grand seigneur.

Il s'exila de France et se fixa à Rome, où il retrouvait le comte et la comtesse de La Tour, ses amis les plus dévoués. En 1880, il revit Wagner à Venise : cette fois les deux grands hommes firent ample connaissance, et Wagner découvrit le génie de notre compatriote. Les deux années suivantes, il l'invita et le reçut magnifiquement à Wahnfried. Gobineau fit sensation dans le cercle wagnérien de Bayreuth ; il prodiguait dans la conversation les trésors de sa vaste érudition, de sa longue expérience, de sa verve spirituelle. Malheureusement sa santé déclinait de jour en jour, et le 13 octobre 1882, il mourut presque subitement à Turin.

Tel fut l'homme : un aristocrate de vieille race, esprit original et distingué, imagination débordante, nature altière se drapant dans une dignité hautaine en face de l'adversité. La princesse Wittgenstein écrivait, au lendemain de la mort du comte : « C'était une âme si noble, un véritable représentant de l'ancienne chevalerie, avec ses sentiments héroïques, nobles et peu pratiques ! Un vrai Don Quichotte ou un Roland sous des formes diplomatiques et sociales. »

GOBINEAU LITTÉRATEUR

Nous avons dit que M. de Gobineau fut poète, philologue, nouvelliste, sociologue, bref un vrai polygraphe.

Il composa dans sa jeunesse une tragédie, *Alexandre
le Macédonien*, et, vers la fin de sa vie, le poème
d'*Amadis*. Sa tragédie allait être représentée à la
Comédie-Française quand éclata la Révolution de 1848.
Elle resta dans les papiers du comte. M. Schemann
vient de l'en exhumer. M. Schemann tient cette tragédie
pour un chef-d'œuvre : la forme en est française à la
Corneille ; la manière en est germanique à la Schiller.
C'est une œuvre classique qui mérite de prendre place
à côté de Corneille et de Racine, dans les gymnases
allemands. M. Schemann en a publié une édition très
soignée, avec tout l'appareil de la critique la plus
minutieuse et de l'érudition la plus abondante. C'est
faire beaucoup trop d'honneur à une œuvre de jeunesse,
que Gobineau lui-même appréciait à sa juste valeur,
quand il écrivait à sa fille : « Ne pensez pas tant de
bien d'*Alexandre* ; il y a beaucoup de mal à en dire. »
M. Schemann ne l'en admire que davantage, l'auteur
étant, dit-il, « de ces esprits à qui les dieux ont promis
l'éternelle jeunesse ».

Amadis était, assure-t-on, le livre favori de Gobineau. Ce poème se divise en deux parties : dans la
première, le poète chante les Arians au sang jeune et
pur ; dans la seconde, les Métis demi-arians, issus des
mélanges ethniques. Épopée puis satire ; la satire est
supérieure à l'épopée. M. Schemann traite ce poème
d'hymne sublime à l'idéalisme. N'en déplaise à
M. Schemann, Gobineau écrit médiocrement en vers.
« Il faut beaucoup aimer M. de Gobineau pour aimer
ses vers. Les Allemands là-dessus sont moins délicats
et moins résistants que nous : ils mettent très haut les
poèmes de M. de Gobineau ; ils les admirent. C'est
peut-être parce qu'ils les lisent dans une langue qui
n'est pas la leur, ou parce que, mieux informés que
nous sur la pensée gobinienne, ils sont plus habiles à la
retrouver dans ces poèmes. Mais des Français ne

peuvent accorder que les vers de M. de Gobineau soient de beaux vers (1). » En voici, du reste, quelques spécimens pris dans *Amadis* :

Source de pureté, fontaine d'excellence,
La Sainte Vierge ! On sent, pour peu que l'on y pense,
Qu'à tout ce qui de près ou de loin peut crier :
J'ai quelque chose d'elle ! — on doit s'humilier !

Ailleurs :

Il atteignit la porte et, sans savoir comment,
Cet obstacle entre eux deux se ferma brusquement.

Ailleurs :

Je te vois tout à plein. Assez longtemps moqué
Mon cœur te dévisage et te tient démasqué.
Plus un mot, c'est assez, c'est trop, je te le crie :
Va-t'en, je te l'ordonne, et même je t'en prie.

Gobineau n'avait peut-être pas assez d'imagination, du moins d'imagination distinguée, pour être un bon poète ; il en avait bien trop pour être un bon philologue. Cependant, en matière d'ethnologie, on ne ne saurait se passer « des secours philologiques », car dit Gobineau, « tous les faits établissent que l'identité est originairement entière entre le mérite intellectuel d'une race et celui de sa langue naturelle et propre ; que les langues sont, par conséquent, inégales en valeur et en portée, dissemblables dans les formes et dans le fond comme les races ; que leurs modifications ne proviennent que de mélanges avec d'autres idiomes, comme les modifications des races ; que leurs qualités et leurs mérites s'absorbent et disparaissent, absolument comme le sang des races, dans une immersion trop considérable d'éléments hétérogènes ; enfin que, lorsqu'une langue de caste supérieure se trouve chez un groupe humain indigne d'elle, elle ne manque pas de dépérir et de se mutiler.

Si donc il est souvent difficile, dans un cas particu-

_____

(1) DREYFUS, *op. cit.*, p. 266-267.

lier, de conclure de prime abord de la valeur d'une langue à celle du peuple qui s'en sert, il n'en reste pas
moins incontestable qu'en principe on le peut faire. Je
pose donc cet axiome général : La hiérarchie des langues
correspond rigoureusement à la hiérarchie des races (1). »
Gobineau fait preuve, dans ses ouvrages, de vastes
connaissances linguistiques. Mais souvent l'imagination
l'égare. Son *Traité des écritures cunéiformes* (1864)
l'établit surabondamment. L'écriture cunéiforme, pense-
t-il, ne ressemble en rien à notre écriture occidentale : nous écrivons pour exprimer avec précision une
pensée déterminée ; les Assyriens écrivaient en formules
susceptibles d'interprétations diverses. « Les écrits du
genre de ceux qui nous occupent, dit Gobineau, sont
ce qu'on appelle des talismans. Aucune des populations
de l'Orient n'en a jamais douté, et ce sont constamment,
dans les siècles passés aussi bien qu'aujourd'hui, des
talismans qu'elles ont vus en contemplant les inscriptions cunéiformes de tous les genres... On ne s'est
jamais imaginé que les caractères creusés sur la pierre
vive, par une main mystérieuse, pussent avoir servi à
fixer le souvenir des événements historiques dans des
contrées où, depuis les jours d'Assuérus jusqu'à nos
temps, les annales des royaumes sont conservées et
même cachées dans le trésor des souverains. On n'a pas
supposé qu'un monarque superbe ait jamais voulu
retracer les souvenirs de sa gloire à des hauteurs et dans
des lieux où, généralement, le regard ne saurait atteindre, et qui semblent avoir jadis été enfermés dans des
enceintes inaccessibles aux multitudes. On a cru plus
naturel d'admettre que les usages qui s'observent
actuellement trouvaient également crédit à ces époques ; que dans les temples, dans les jardins et les palais
des grands, sur les fondements des citadelles, on jugeait
utile, même indispensable, de tracer, d'une manière à
jamais durable, des formules talismaniques qui fussent
des gages d'immuable solidité, de puissance et de bonheur (2). »

(1) MORLAND, p. 97-98.
(2) DREYFUS, p. 240-241.

On admirera la hardiesse et l'originalité du principe gobinien ; on admirera surtout la prodigieuse richesse de sens qu'offrira la même inscription : la fantaisie s'en accommode mieux que la science. Dans son article *Cunéiformes* de la grande Encyclopédie, M. J. Oppert apprécie le système en ces termes : « Dans ce temps d'incrédulité au sujet de découvertes réelles, il se produisit des essais d'interprétations oubliés depuis à juste titre, mais qui, dans le temps, n'en contribuèrent pas moins à retarder l'heure de la justice. Nous citons les travaux de M. de Gobineau qui déchiffra quatre fois de suite les mêmes textes cunéiformes, chaque fois d'une manière toute différente, mais toujours avec un égal succès, et qui lut le même texte de sept manières différentes, de droite à gauche, de gauche à droite, de haut en bas, de bas en haut, diagonalement de droite à gauche, diagonalement de gauche à droite, et enfin symboliquement. »

Poète plutôt médiocre, philologue parfois fantaisiste, Gobineau fut un conteur aimable, un nouvelliste brillant et fin. « Comme Prosper Mérimée, son ami, M. de Gobineau avait une prédilection pour le genre de la nouvelle. Sa secrète ambition fut sans doute de devenir le conteur français attitré des pays d'Orient, d'être pour l'Asie ce que fut Mérimée pour la Corse et pour l'Espagne. Dans sa forme limitée et brève, la nouvelle permet ce que refuse parfois le roman. Elle autorise à tirer parti d'une émotion vive, d'une pensée fugace, qui ne valent souvent que par elles-mêmes, c'est une notation. Comme telle, elle convient à ceux qui sont assez doués pour être capables d'animer un coin d'humanité ou de nature, mais qui pourtant ne portent pas en eux un monde d'accents et de personnages. M. de Gobineau était de ceux-là, en littérature : il avait moins d'invention que de sensibilité et d'intelligence dans le domaine de l'art (1). »

Trois ans en Asie (1859) est un livre d'impressions sur l'Orient, une série de notations fines et pittoresques

(1) DREYFUS, p. 267-268.

sur la vie sociale et morale de ce monde exotique, que
Gobineau aimait tant déjà avant de le connaître. « Une
œuvre de charme plutôt que de pensée. » Le style a
perdu de cette redondance oratoire, de ce ton doctoral
qu'on trouve à l'ordinaire dans l'*Essai* ; il devient léger,
doucement ironique et enjoué. Citons, à titre d'exemple,
cette description de la vie au bazar. « Tous les propos
et cancans de la ville débordent de boutique en boutique. Ici on parle politique et on blâme telle mesure
récente du gouvernement ou telle résolution qu'on dit
imminente. La chronique scandaleuse court de bouche
en bouche, peu voilée et s'exagérant tous les quarts
d'heure. On emprunte de l'argent et on en prête. On
retire telle pièce de vêtement qui était en gage depuis
six mois et on va engager telle autre. On se querelle, on
se menace, mais on ne se frappe pas, à moins de circonstances rares. C'est un tapage, des cris, des rires,
des gémissements, des poussées à faire tomber les voûtes
et souvent aussi elles ne résistent pas, car bâties en
briques crues en beaucoup d'endroits et cimentées à la
grosse, elle s'écroulent avec fracas, surtout aux ap-
proches du printemps, et on ne peut nier qu'elles n'é-
crasent çà et là quelques causeurs. Mais c'est un acci-
dent considéré avec beaucoup de philosophie, et on ne
voit pas que personne en soit contrarié ni préoccupé. »

Les Souvenirs de voyage (1872) contiennent trois nouvelles : le Mouchoir rouge, Akrivie Phrangopoulo, la
Chasse au caribou. Elles sont écrites dans le genre de
Mérimée ou d'About. Akrivie Phrangopoulo passe aux
yeux de tous pour un chef-d'œuvre. « Les pages de cette
nouvelle, dit M. Seillière, sont véritablement charman-
tes de couleur simple, d'exécution achevée, d'originalité
sans recherche, de délicatesse de touche. »

Les Nouvelles asiatiques (1876) sont des études de
mœurs locales, des croquis pris sur le vif. Les Asiati-
ques de Gobineau ressemblent beaucoup aux Italiens de
Stendhal. Parmi ces Asiatiques, ce ne sont plus les
Persans que le comte préfère : lisez l'Illustre magicien,
Gamber Aly, ou la Guerre des Turcomans. Il y a des
Arians plus authentiques : Caucasiens, dans la Dan-

seuse de Shamaka ; Afgans, dans les Amants de Kandahar. Le livre se termine par la Vie de voyage, que M. Schemann n'a pas jugé à propos de traduire en allemand : cette nouvelle cependant analyse à merveille l'impression d'étonnement et de malaise qu'un Occidental éprouve au contact d'une civilisation si différente. M. Hallays estime que les *Nouvelles asiatiques* sont, au point de vue littéraire, le meilleur ouvrage de M. de Gobineau.

Signalons encore ici les *Pléiades* et la *Renaissance* bien que les *Pléiades* soient plutôt un roman et la *Renaissance* une collection de scènes dramatiques. Au fond, on ne s'éloigne guère de la nouvelle.

Les Pléiades (1874) nous présentent trois personnages de distinction : l'un anglais, Wilfrid Nore ; l'autre français, Louis de Laudon ; le troisième allemand, Conrad Lanze. Nous retrouverons plus loin ces « fils de rois » ainsi que l'héroïne saxonne Harriett Coxe et Casimir Bullet, le sosie de Gobineau. Ce roman renferme des beautés de premier ordre. « Gobineau n'a jamais atteint autre part à la finesse d'observation, à la vérité d'analyse, dont il fait montre en maint passage de ce livre bizarre, qu'on nommerait à bon droit un tiers de chef-d'œuvre (1). »

La Renaissance (1877) se compose de cinq morceaux dialogués : Savonarole, César Borgia, Jules II, Léon X, Michel-Ange. Gobineau cherche à faire revivre, dans sa splendeur et ses excentricités, le xviᵉ siècle italien. Ce livre a conquis d'emblée l'admiration des Allemands : Richard Wagner le jugea sublime, et M. Schemann l'appelle tantôt la plus puissante des créations artistiques du grand Français — après *Amadis*, tantôt une des créations éternelles du génie humain. Les Français montrent plus de réserve : M. Hallays parle de coloris terne, et M. Seillière de grisaille. On se plaît pourtant à reconnaître la force et la beauté de quelques morceaux de puissante envergure. Les figures d'artistes sont tracées en perfection ; et il y a çà et là des accents nietzschéens que nous signalerons bientôt.

(1) SEILLIÈRE, *op. cit.*, p. 326.

Gobineau mériterait donc, comme conteur et nouvelliste, la grande renommée dont il jouit. Mais là ne se borne point sa féconde productivité littéraire. Gobineau est encore un historien. Il a écrit, pour ne pas parler de l'*Essai*, l'*Histoire des Perses* et l'*Histoire d'Ottar-Jarl*.

Ses connaissances en histoire étaient immenses. Il puisait à toutes les sources, entassait toute sorte de documents. Ainsi son *Histoire des Perses*, il la compose « d'après les auteurs orientaux grecs et latins, et particulièrement d'après les manuscrits orientaux inédits, les monuments figurés, les médailles, les pierres gravées, etc. ». On ne saurait exiger plus ample information.

Malheureusement il critique peu ses sources. Et surtout, il écrit l'histoire avec des idées préconçues. Le sociologue guide et souvent égare l'historien. La race ariane doit, à tout prix, garder le monopole de tous les mérites. Aussi Gobineau n'hésite-t-il pas à plier les faits à sa thèse. Il croit l'impartialité impossible et en prend allègrement son parti. « Puisque l'homme n'est jamais assuré de bien voir, alors, dit-il, je prends mon parti, je me préoccupe avec assez peu d'exigence de la réalité matérielle des faits, je me contente de la réalité relative dont il m'est impossible de douter, et, dès lors, je me sens maître d'écrire une histoire qui, ne dédaignant rien, prenant tout, enregistrant avec la conscience de son droit les assertions les plus invraisemblables, et, si l'on veut, les plus folles, sera beaucoup moins celle des faits que celle de l'impression produite par ces faits sur l'esprit des hommes. » On voit le degré d'« objectivité » qu'on peut attendre d'une telle conception de l'histoire. Gobineau veut prouver son aryanisme : il interprète souvent l'histoire de ce point de vue. Et c'est ce qui le rendra, par exemple, si injuste pour les civilisations grecque et latine, dont il méconnaîtra par principe l'indiscutable valeur.

Le sociologue domine en lui. Il est temps de l'étudier.

GOBINEAU SOCIOLOGUE

La sociologie fait le fond, constitue la trame de l'œuvre gobinienne. Poète ou conteur, philologue ou historien, Gobineau est partout et toujours sociologue.

Nous avons, en traçant la biographie du comte, cherché à définir l'homme. L'homme explique le sociologue. Le savant se met au service du gentilhomme : M. de Gobineau n'aura vraiment qu'un souci : défendre et justifier l'aristocratisme, ou, pour employer le mot consacré, l'impérialisme.

Nous prendrons seulement deux de ses œuvres : l'*Essai sur l'inégalité des races humaines* et les *Pléiades,* et nous y chercherons un essai de justification, par l'ethnologie et l'histoire, de l'impérialisme collectif et de l'impérialisme individuel : de l'impérialisme collectif ou du surpeuple dans l'*Essai*, de l'impérialisme individuel ou du surhomme dans les *Pléiades*.

Qu'est-ce, au juste, que l'impérialisme ? Ce mot a pris depuis quelque temps un sens spécial, et l'on devine qu'impérialiste n'est plus ici synonyme de bonapartiste. L'impérialisme, c'est la doctrine de l'inégalité, l'affirmation de l'inégalité comme loi de nature. En vertu de cette loi de nature, il y a un peuple supérieur à tous les autres peuples, un homme supérieur à tous les autres. Au surpeuple et au surhomme revient de droit *l'imperium,* d'où le nom d'impérialisme.

Impérialisme collectif.

On parle sans cesse, de nos jours, de l'impérialisme allemand, anglais, américain. L'impérialisme allemand, par exemple, est, d'après la définition précédente, la doctrine qui attribue au peuple allemand l'imperium du monde, parce que ce peuple est supérieur à tous les autres peuples, soit comme race, soit comme civilisation, et qu'à ce titre il doit régner sur l'humanité tout entière. Le peuple allemand est le surpeuple.

Tu regere imperio populos, Romane, memento : devise impérialiste qui fut celle de tous les conquérants, Alexandre, César, Charlemagne, Frédéric Barberousse, Napoléon 1er. L'impérialisme est de tous les temps.

L'impérialisme contemporain reste toujours un rêve de conquérant, mais il s'appuie sur les faits les plus positifs, tels que la surpopulation et la surproduction industrielle. C'est un impérialisme à base économique : voilà sa caractéristique.

Prenez l'impérialisme allemand, à cette heure de tous le plus menaçant. Il a été longtemps de mode de représenter Guillaume II sous les traits d'un impérial aliéné, capable, en un moment de crise, de transformer l'Europe en un vaste champ de bataille. Le Kaiser calcule plus qu'on n'en pense. Certes son ambition est grande et son geste rapide. Mais il sait ce qu'il veut et où il va. Il voit que l'Allemagne s'impose au monde par l'intensité de sa vie intellectuelle ; la langue allemande, langue longtemps scientifique, tend à devenir la langue universelle. La population d'outre-Rhin s'accroît rapidement ; depuis 1815, plus de six millions d'Allemands ont quitté la mère patrie. « L'industrie allemande a progressé à pas de géants. A la production agrandie de l'Allemagne, il faut de nouveaux débouchés : il ne faut rien moins que le marché du monde. Déjà les marchands de Londres ont vu arriver partout les cadets d'Allemagne. Les Exportvereine se sont multipliés. Leurs membres sont les pionniers de l'expansion germanique. L'empereur a tout fait pour aider la politique mondiale Weltpolitik, on voudrait pouvoir bientôt dire Weltherrschaft. La marine marchande a pris une importance considérable : on s'occupe de la soutenir par une imposante marine de guerre (1). »

(1) G. BLONDEL, Revue *La Quinzaine*, 16 août 1905.

L'Allemagne grandit, forte de son esprit de discipline qui réunit en faisceau les forces vives de la nation. Ce sont là des faits positifs : comment n'inspireraient-ils pas à Guillaume II des rêves d'impérialisme ?

Les mêmes causes ou des causes analogues expliquent l'impérialisme des Disraëli, des Cecil-Rhodes, des Chamberlain. Je renvoie au livre si instructif et si profond que vient de publier M. Jacques Bardoux, sous ce titre : *Essai d'une psychologie de l'Angleterre contemporaine : les Crises belliqueuses* (1). « Toujours en croissance, la population du Royaume-Uni, depuis 1871, augmente chaque année de 400.000 âmes : les produits agricoles sont insuffisants pour la nourrir. L'agriculture anglaise est en décadence ; par suite de l'afflux continuel vers les villes, les terres cultivées diminuent. Pour sa subsistance, l'Angleterre devient tributaire de l'étranger. Il faut donc exporter en quantité des produits manufacturés pour ne pas mourir de faim. Mais l'industrie anglaise se heurte désormais à la concurrence américaine et à la concurrence allemande. Ses hommes d'Etat comprennent toute la valeur des marchés coloniaux et songent à entourer l'Empire d'une ceinture de douanes, à resserrer les liens qui unissent les colonies à la métropole par une union douanière (2). »

Or, remarque M. G. Blondel, « les colonies anglaises sont animées à l'envi du désir d'accroître leur autonomie. Une union au point de vue douanier apparaît comme une pure chimère. Cela fait très bien dans un discours de dire que l'Australie doit être le boucher de l'Angleterre, tandis que le Canada sera son boulanger, surtout si on ajoute que les autres colonies fourniront l'épicerie, le beurre, les fruits, les légumes. Ce sont là des rêves. La création d'un empire universel englobant tous les « britons » n'est qu'une utopie. L'impérialisme anglais ne peut se réaliser que sous la forme d'un pacte, pacte qui sera dicté par des considérations d'intérêt, pacte qui ne sera conclu par les intéressés que dans la mesure

(1) Paris, Alcan, 1906.
(2) J. BOURDEAU. *Journal des Débats*, 3 février 1906.

où leur intérêt même leur conseillera de le faire.

« L'impérialisme anglais, dit M. Nitti, c'est une conception dans laquelle il entre beaucoup d'arrogance, mais aussi beaucoup d'illusion, une confiance extrême, admirable peut-être, dans la supériorité de la Grande-Bretagne, mais une ignorance absolue des énergies des autres peuples. » Il s'agit de constituer une union de 400 millions d'hommes, pour aboutir à une hégémonie commerciale au profit d'une minorité de 40 millions d'Anglais qui désirent assurer un débouché à des marchandises dont l'Amérique commence à ne plus avoir besoin et que les autres peuples de l'Europe produisent maintenant chez eux ! Pour soutenir ses prétentions, l'Angleterre devra mettre une puissance militaire formidable au service de son commerce, il faudra que ses vaisseaux et ses canons puissent faire passer de force au besoin ses marchandises (1). »

Bref, les grandes nations se disputent les colonies et les marchés du monde : elles rêvent d'un empire universel.

Chacun de ces impérialismes est évidemment exclusif de tous les autres. Aussi voyons-nous chacun d'eux chercher sa justification, soit dans la religion, soit dans la science, soit dans l'histoire.

Il y a un Dieu pour les Anglais. Que l'Angleterre fasse la conquête du monde, « Dieu, disait Cecil Rhodes, ne peut nourrir d'autre dessein. » Les mystiques anglais découvrent dans la Bible leur mission divine.

Mais il y a aussi un Dieu pour les Allemands. Dans un ouvrage tout récent (2), le célèbre historien Karl Lamprecht de Leipzig écrit : « Qui oserait nier que maintenant encore il existe un Dieu chrétien germanique et qu'il lui arrive de se manifester à l'étranger comme un Dieu fort et jaloux ? » Non seulement l'Allemagne veut un Dieu chrétien germanique, mais elle veut encore un christianisme germanique, et c'est

(1) *La Quinzaine*, 16 août 1905.
(2) *Zur jüngsten deutschen Vergangenheit.* (Fribourg-en-Brisgau, 1901.)

justement cette religion impérialiste que M. Houston
Stewart Chamberlain cherche à élaborer dans les
Assises du XIXe siècle. Inspirée de la philosophie
mystique allemande, cette religion peut s'appeler le
« néo-mysticisme germanique », et au delà du Rhin,
d'aucuns la regardent comme la religion de l'avenir.

L'impérialisme fait encore appel à la science. Les
darwinistes posent comme loi des êtres vivants, même
des peuples et des individus, le *struggle for life* et la
survivance du plus fort ou du plus apte. La nature
donne l'exemple : elle est éminemment impérialiste.

Il s'appuie enfin sur l'ethnologie et l'histoire. Et c'est
ici que nous rencontrons Gobineau avec son « aryanisme historique ».

Mais Gobineau n'est pas le premier à apporter une
justification de ce genre : pour bien comprendre la
portée de sa thèse ethnico-historique, il importe de la
mettre à sa vraie place.

L'aryanisme historique de Gobineau est l'aboutisse-
ment et l'extension de deux thèses historiques célèbres :
le féodalisme du XVIIIe siècle et le germanisme du
XIXe siècle.

Au XVIIIe siècle, la noblesse vit s'élever au-dessus
d'elle les classes prétendues inférieures : pour maintenir
ses prérogatives, elle présenta ses titres historiques. Le
comte de Boulainvilliers se fit le porte-parole de ses
frères de caste. Il reprit et développa la pensée des
grands feudataires du XIIIe siècle, pensée déjà mise en
valeur par François Hotmann dans la *Franco-Gal-
lia* (1574), je veux dire celle de la conquête qui partage
une nation en vainqueurs et en vaincus. L'idée de la
conquête est l'idée impérialiste par excellence, car elle
établit d'elle-même l'inégalité politique et sociale, vraie
loi de nature. Les vainqueurs sont les maîtres, les
vaincus, les sujets. Les vainqueurs sont évidemment
d'une race supérieure puisqu'ils sont vainqueurs, et
leurs droits se transmettent intégralement et indéfini-
ment par l'hérédité. Boulainvilliers disait : « Les vainqueurs, ce furent les Francs, et leurs descendants sont
les nobles ; les vaincus, ce furent les Celtes et les Gallo-

Romains, et leur postérité, c'est la bourgeoisie et le peuple. Les nobles doivent donc rester les seuls maîtres légitimes. »

Le comte de Boulainvilliers soutient les droits de la noblesse avec une belle intransigeance. Les maîtres, c'est-à-dire les nobles, sont tous égaux, comme leurs ancêtres Francs : le titre de roi n'est qu'un simple titre honorifique, le roi est un *primus inter pares,* un ποιμὴν λαῶν, une manière de roi d'Angleterre. C'est un simple représentant de ses pairs, un délégué qui ne jouit que d'une autorité nominale et fictive.

Egaux entre eux, les vainqueurs prétendent régner sur les vaincus avec un pouvoir absolu. Ils ont seuls le droit d'absolue propriété ; seuls aussi, dans toute l'étendue de leurs domaines respectifs, ils ont la juridiction absolue tant au civil qu'au criminel.

Une société de ce genre repose essentiellement sur l'organisation des castes. « Personne, dit Gobineau, ne peut refuser son approbation à un corps social ainsi organisé qu'il est gouverné par la raison et servi par l'inintelligence. »

Une telle société paraît vraiment idéale à l'auteur de l'*Essai.* Il se plaît à décrire le système des castes de l'Inde et le régime de l'odel. « Le plus ancien mode de propriété, dit-il, c'était l'odel. Ce mot emporte avec lui les mêmes idées de noblesse et de possession si intimement combinées, que l'on est fort embarrassé de découvrir si l'homme était propriétaire, parce qu'il était noble ou l'inverse. Mais il est peu douteux que l'organisation primordiale, ne reconnaissant pour homme véritable que l'Arian, ne voyait aussi de propriété régulière et légale qu'entre ses mains et n'imaginait pas d'Arian privé de cet avantage. L'odel appartenait sans restriction aucune à son maître. Ni la communauté ni le magistrat n'avaient qualité pour exercer sur cette sorte de possession la revendication la plus légère, le droit le plus minime. L'odel était absolument libre de toute charge ; il ne payait pas d'impôts. Il constituait une véritable souveraineté, souveraineté inconnue aujourd'hui, où la nue propriété, l'usufruit et le domaine

se confondaient absolument. Le sacerdoce en était inséparable, et inséparable aussi la juridiction à tous ses
degrés, au civil comme au criminel. L'Arian siégeait à
son foyer, disposait à son gré de la terre allodiale et de
tout ce qui l'habitait. Femmes, enfants, serviteurs,
esclaves ne reconnaissaient que lui, ne vivaient que par
lui, ne rendaient compte qu'à lui seul qui ne rendait
compte à personne. Soit qu'il eût construit sa demeure
et mis ses champs en culture sur un terrain désert, soit
que ses propres forces lui eussent suffi pour en dépouiller
le Finnois, le Slave, le Celte ou le Jotun, tous gens
placés nativement hors la loi, ses prérogatives ne ren-
contraient pas de limites (1). »

« Système à deux faces, dit A. Thierry, l'une toute
démocratique, tournée vers la royauté, l'autre toute
aristocratique tournée vers le peuple. » « Ces deux tendances, ajoute M. Seillière, restent caractéristiques de
tout groupement impérialiste : égalité au dedans, inégalité la plus considérable possible vers le dehors. »

Saint-Simon modifia la doctrine de Boulainvilliers.
Dans le camp des vainqueurs, il plaça le chef au-dessus
des guerriers. Après la victoire, le chef devint roi avec
une autorité effective ; les guerriers devinrent les
seigneurs féodaux, égaux entre eux, mais soumis au
roi qui leur avait distribué les terres conquises, selon le
grade et les services de chacun, et qui exigeait en retour
l'hommage-lige. C'est la thèse féodaliste proprement
dite.

Gobineau l'accepte à regret ; mais il sent bien
qu'elle lui est imposée par la nécessité même de la conquête. L'organisation idéale, dit-il, « admissible en présence de populations numériquement faibles ou com-
plètement subjuguées par la conscience de leur infé-
riorité, n'était nullement compatible avec l'état de guerre
ni même avec l'état de conquête au milieu de masses
résistantes.

L'Arian qui, dans son humeur aventureuse, vivait
principalement dans l'une ou l'autre de ces situations

(1) MORLAND, p. 167-168.

difficiles, avait trop de bon sens pratique pour ne pas
apercevoir le remède du mal et chercher les moyens
d'en concilier l'application avec les idées d'indépen-
dance personnelle qui avant tout lui tenaient au cœur...
Un guerrier connu se présentait à l'assemblée générale
et se proposait lui-même pour commander l'expédition...
Une fois que l'Arian s'était laissé persuader que l'homme
qui le sollicitait avait bien toutes les qualités requises
et qu'après avoir fait ses conditions, il s'était engagé
avec lui, aussitôt un état tout nouveau intervenait
entre eux. L'Arian libre, l'Arian, souverain absolu
de son odel, abdiquant pour un temps donné l'usage
de la plupart de ses prérogatives, devenait, sauf le respect des engagements réciproques, l'homme de son chef,
dont l'autorité pouvait aller jusqu'à disposer de sa vie,
s'il manquait aux devoirs qu'il avait contractés.
L'expédition commençait, elle était heureuse. En principe, le butin appartenait tout entier au chef, mais
avec l'obligation stricte et rigoureuse de le partager
avec ses compagnons, non pas seulement dans la mesure
des promesses échangées, mais avec une prodigalité
extrême. Manquer à cette loi eût été aussi dangereux
qu'impolitique... Lorsque, avec ces avantages, il y avait
prise de possession d'une contrée, le pays conquis pre-
nait le nom de rik, pays soumis, titres que les pays à
odels se faisaient un point d'honneur de repousser, se
considérant comme essentiellement libres. Dans le rik,
les populations vaincues étaient entièrement placées
sous la main du chef de guerre qui se parait de la qualification de konungr, titre militaire, gage d'une autorité
nouvelle et permanente... Le konungr donc, le könig
allemand, le king anglo-saxon, le roi, pour tout dire,
dans son obligation étroite de faire participer ses
hommes à tous les avantages qu'il recueillait lui-même,
leur concédait des biens-fonds. Mais comme les guerriers ne pouvaient emporter avec eux ce genre de
présents, ils n'en jouissaient qu'aussi longtemps qu'ils
restaient fidèles à leur conducteur, et cette situation
comportait pour leur qualité de propriétaires toute une
série de devoirs étrangers à la constitution de l'odel.

Le domaine ainsi possédé à condition s'appelait féod.
Il offrait plus d'avantages que la première forme de
tenure pour le développement de la puissance ariane,
parce qu'il contraignait l'humeur indépendante de
l'Arian à abandonner au pouvoir dirigeant une autorité
plus grande. Il préparait ainsi l'avènement d'institutions propres à mettre en accord les droits du citoyen
et ceux de l'Etat, sans détruire les uns au profit exclusif des autres (1). »

Boulainvilliers et Saint-Simon justifiaient l'impérialisme d'une caste; Herder et Fichte justifièrent l'impérialisme d'un peuple. Le germanisme élargit déjà le féodalisme.

Il n'y a pas lieu de retracer ici l'histoire du grand
mouvement germaniste provoqué par les guerres napo-
léoniennes qui éveillèrent la « conscience nationale »
de l'Allemagne.

« Rappelons seulement qu'au lendemain de la guerre
il s'exalta jusqu'aux ridicules du teutonisme. On vit la
jeunesse d'outre-Rhin, affichant ses convictions dans
son costume, porter la redingote noire serrée à la taille,
le cou nu au-dessus d'un grand col rabattu, les cheveux longs et flottants, la toque foncée aux plumes
éclatantes, de vastes bottes à revers... On entendit ces
patriotes naïfs jurer par Arminius et Barberousse,
chanter les forêts de la Germanie... Ces jeunes enthou-
siastes voulaient séparer l'Allemagne de la France par
une ceinture de déserts que l'on peuplerait de bêtes
fauves, ou encore, avec Gœrres, ils juraient de raser
la ville de Strasbourg, en ne laissant debout que sa
vieille cathédrale gothique pour parler à la plaine
d'Alsace de la grandeur allemande (2). » Rappelons
surtout le grand principe qui soutint l'élan de ce peuple :
la vraie civilisation des premiers siècles ne fut pas la
civilisation romaine, mais la civilisation germanique ;
donc le Germain a droit à l'*imperium*.

Gobineau proclame lui aussi, dans l'*Essai*, la supé-

(1) MORLAND, p. 167. sq.
(2) E. SEILLIÈRE, *op. cit.* Introduction, XXIX-XXX.

riorité du Germain sur le Romain du v⁰ siècle. « Ces malheureux barbares, dit-il, on les fait apparaître au v⁰ siècle comme des monstres en délire, qui, se précipitant en loups affamés sur l'admirable organisation romaine, la déchirent pour la déchirer, la brisent pour la briser, la ruinent uniquement pour en faire des décombres. » Odieuse calomnie ! Les Germains sont venus au contraire régénérer et relever un instant ce peuple qui glissait sur la pente d'une irrémédiable décadence. »

A quoi donc aboutissent féodalisme et germanisme ? A fonder l'impérialisme des Germains. Les Francs étaient, en effet, des Germains. Les Germains de France pouvaient dès lors tendre la main aux Germains d'Allemagne : ils formaient une aristocratie de même origine.

Gobineau étend cette aristocratie au delà des frontières des deux pays. Francs et Germains sont une élite parce qu'ils sont arians, parce qu'ils appartiennent à la grande race ariane, vouée par nature à la domination, à l'*imperium*. Arians encore les Hellènes, les Sarmates, les Aryas de l'Inde. Et ainsi Aryas de l'Inde, Sarmates, Hellènes et Germains forment à travers le temps et l'espace une sorte d'Internationale de l'aristocratie.

Quelle fut la genèse de cette théorie ethnique dans l'esprit de Gobineau ? C'était un aristocrate, un impérialiste de traditions et de tempérament. Il avait en horreur les idées égalitaires. Dans la Dédicace de l'*Essai*, il se vante d'avoir trouvé des preuves de l'inégalité, preuves « incorruptibles comme le diamant » et sur lesquelles « la dent vipérine de l'idée démagogique ne pourra mordre ». Et il inscrit triomphalement en tête de son livre : *Essai sur l'inégalité des races humaines.*

L'inégalité des races ! L'idée de la race dut naître en son esprit sous l'influence de Boulainvilliers et surtout des germanistes, car on sait combien il connaissait les choses d'Allemagne. Mais il y fut amené aussi par ses réflexions personnelles.

Un grand fait l'avait frappé dans l'histoire : la décadence des peuples, la « dégénération ». Toutes les socié-

tés même les plus puissantes ont péri ; toutes les civilisations même les plus brillantes se sont éteintes. « La
chute des civilisations est le plus frappant et en même
temps le plus obscur de tous les phénomènes de l'histoire. En effrayant l'esprit, ce malheur réserve quelque
chose de si mystérieux et de si grandiose que le penseur
ne se lasse pas de le considérer, de l'étudier, de tourner
autour de son secret... Quand, après un temps de force
et de gloire, on s'aperçoit que toutes les sociétés humaines
ont leur déclin et leur chute, toutes, dis-je, et non pas
telle ou telle ; quand on remarque avec quelle tacitur-
nité terrible le globe nous montre, épars sur sa surface
les débris des civilisations qui ont précédé la nôtre, et
non seulement des civilisations connues mais encore de
plusieurs autres dont on ne sait que les noms, et de
quelques-unes qui, gisant en squelettes de pierre au
fond des forêts presque contemporaines du monde, ne
nous ont pas même transmis cette ombre de souvenir ;
lorsque l'esprit, faisant un retour sur nos Etats modernes
se rend compte de leur jeunesse extrême, s'avoue qu'ils
ont commencé d'hier et que certains d'entre eux sont
déjà caducs : alors on reconnaît, non sans une certaine
épouvante philosophique, avec combien de rigueur la
parole des prophètes sur l'instabilité des choses s'applique
aux civilisations comme aux peuples, aux peuples comme
aux Etats, aux Etats comme aux individus, et l'on est
contraint de constater que toute agglomération humaine,
même protégée par la complication la plus ingénieuse
de liens sociaux, contracte, au jour même où elle se
forme, et caché parmi les éléments de sa vie, le principe
d'une mort inévitable.

« Mais quel est ce principe ? Est-il uniforme ainsi
que le résultat qu'il amène, et toutes les civilisations
périssent-elles par une cause identique ? Au premier
aspect, on est tenté de répondre négativement ; car on
a vu tomber bien des empires, l'Assyrie, l'Egypte, la
Grèce, Rome, dans des conflits de circonstances qui ne
se ressemblaient pas. Toutefois en creusant plus loin
que l'écorce, on trouve bientôt, dans cette nécessité
même de finir qui pèse impérieusement sur toutes les

sociétés sans exception, l'existence irrécusable bien que latente d'une cause générale (1). »

Quelle est donc cette cause générale qui provoque ainsi fatalement le progrès puis la décadence des peuples ?

Les historiens et les sociologues signalent : les uns, l'action de la nature physique ; les autres, l'action des forces morales. Gobineau les écarte l'une et l'autre.

Il nie l'influence du milieu, théorie introduite dans la science historique par Montesquieu, Herder, Hégel et tant exploitée depuis par Renan, Taine... Le chapitre VI du livre premier de l'*Essai* porte ce titre : « Dans le progrès ou la stagnation, les peuples sont indépendants des lieux qu'ils habitent. » « Je veux dire, remarque Gobineau, que ce n'est pas le lieu qui fait la valeur de la nation, qui jamais l'a fait, qui la fera jamais : au contraire, c'est la nation qui donne, a donné et donnera au territoire sa valeur économique, morale et politique. Afin d'être aussi clair que possible, j'ajouterai cependant que ma pensée n'est pas de nier l'importance de la situation pour certaines villes, soit entrepôts, soit ports de mer, soit capitales. Les observations que l'on a faites au sujet de Constantinople et d'Alexandrie notamment sont incontestables. Il est certain qu'il existe sur le globe différents points qu'on peut appeler les clefs du monde, et ainsi l'on conçoit que, dans le percement de l'isthme de Panama, la puissance qui posséderait la ville encore à construire sur ce canal hypothétique aurait un grand rôle à jouer dans les affaires de l'univers. Mais ce rôle, une nation le joue bien, le joue mal, ou même ne le joue pas du tout, suivant ce qu'elle vaut. Agrandissez Chagres et faites que les deux mers s'unissent sous ses murs ; puis soyez libre de peupler la ville d'une colonie à votre gré ; le choix auquel vous vous arrêterez déterminera l'avenir de la cité nouvelle (2). » Est-ce que le même lieu, Carthage par

(1) MORLAND, *op. cit.*, p. 53-55.
(2) MORLAND, *op. cit.*, p. 75-76.

exemple, n'a pas été successivement le théâtre de la civilisation et de la barbarie ?

Gobineau nie également l'action des forces morales. Lisez le chapitre II du livre I (1). « Le fanatisme, le luxe, les mauvaises mœurs et l'irréligion n'amènent pas nécessairement la chute des sociétés. » Car « les mœurs particulières d'un peuple présentent de très fréquentes ondulations suivant les périodes que l'histoire de ce peuple traverse... Jusqu'à Louis XIV, notre histoire présente des successions rapides du bien au mal, et la vitalité propre à la nation reste en dehors de l'état de ses mœurs... A ne parler que de ce que nous avons presque vu de nos yeux, ne sait-on pas que, tous les dix ans, depuis 1787, le niveau de la moralité a énormément varié ? Je conclus que, la corruption des mœurs étant, en définitive, un fait transitoire et flottant, qui tantôt s'empire et tantôt s'améliore, on ne saurait la considérer comme une cause nécessaire et déterminante de ruine pour les Etats... » Penser, d'autre part, « que la fin d'une société est imminente quand les idées religieuses tendent à s'affaiblir et à disparaître », c'est ignorer l'histoire, car « en matière de foi religieuse, il n'y a jamais eu chez aucun peuple du monde une véritable solution de continuité » ; on a pu changer de croyance, « mais il ne s'est jamais trouvé une nation dont on fût en droit de dire qu'elle était sans foi ; on est donc mal fondé à mettre en avant que le manque de foi détruit les Etats. »

Il faut lire encore et surtout le chapitre VII : « Le Christianisme ne crée pas et ne transforme pas l'aptitude civilisatrice. » Nous nous contentons d'indiquer ici la pensée de Gobineau, nous réservant, en raison de sa gravité, de l'examiner et de l'apprécier en un chapitre spécial.

Influences physiques et morales sont trop extérieures : elles demeurent en surface. La vraie raison de vie ou de mort des sociétés est interne. « D'inductions en

(1) MORLAND, p. 56-59.

inductions, dit Gobineau, j'ai dû me pénétrer de cette évidence que la question ethnique domine tous les autres problèmes de l'histoire, en tient la clef, et que l'inégalité des races dont le concours forme une nation suffit à expliquer tout l'enchaînement des destinées des peuples (1). » L'évolution des peuples, c'est donc l'évolution des races.

Quelle sera la race supérieure ? La race blanche, sans doute, mais encore ?

Nous avons déjà noté les préférences orientalistes du comte. Ces préférences reçurent une confirmation éclatante par la révélation soudaine des langues et des littératures de l'Inde. La philologie comparée établit l'identité du sanscrit et des langues européennes, langues à flexion extérieure. Ce fut pour Gobineau un trait de lumière : les langues aryennes démontrent la parenté des peuples qui les parlent. Et l'aryanisme naquit. L'impérialisme avait cette fois trouvé ses titres de famille.

La race (la race ariane) (2), voilà la cause qui explique et fonde la supériorité du surpeuple et du surhomme. Telle est la thèse de Gobineau. Retraçons-en les grandes lignes.

Le problème de la race est un des plus obscurs qui se pose au sociologue. A l'origine, si l'on accepte l'autorité de la Bible, la race humaine est une, en tant qu'issue d'un couple unique et primitif. Aujourd'hui, si l'on admet la terminologie courante, les races sont en nombre considérable : race aryenne, sémitique, germanique, anglo-saxonne, latine... Gobineau ne se place ni au point de départ ni au point d'arrivée. Il prend l'humanité au moment, historique ou préhistorique, où elle se trouve différenciée en « types généraux » nettement caractérisés.

Il y a trois types généraux, d'où trois races fondamentales qui se définissent ainsi : race noire, passion

---

(1) MORLAND, p. 51.

(2) Gobineau dit ariane et non aryenne par scrupule étymologique et pour éviter toute réminiscence de l'hérésie d'Arius.

sans frein ; race jaune, raison sans idéal ; race blanche, « équilibre heureux de la passion stimulante et de la raison régulatrice ».

Ces races se hiérarchisent tout naturellement : au bas de l'échelle, la race noire : au milieu, la race jaune ; tout au sommet, la race blanche.

La race blanche descend de Japhet : elle comprend les Celtes, les Slaves et les Arians ; les Arians sont les fils les plus parfaits de la famille japhétique.

Comme Rousseau devant l'humanité primitive, Gobineau tombe en extase devant la race ariane. « Pour la conformation physique, il n'y a pas de doute : c'était la plus belle race dont on ait jamais entendu parler. La noblesse de ses traits, la vigueur et la majesté de sa stature élancée, sa force musculaire nous sont attestées par des témoignages qui, pour être postérieurs à l'époque où elle était réunie, n'en ont pas moins un poids irrésistible. Il est peu contestable que les hommes dont l'aspect physique a inspiré les sculpteurs de l'Apollon Pythien, du Zeus d'Athènes, de la Vénus de Milo, formaient la plus belle espèce d'hommes dont la vue ait pu réjouir les astres et la terre. La carnation des Arians était blanche et rosée... Parmi les couleurs des cheveux et de la barbe, le blond dominait et l'on ne peut oublier la prédilection que lui portaient les Hellènes : ils ne se figuraient pas autrement leurs nobles divinités. Front large, sourcils réunis, yeux bleus (1). »

Gobineau donne parfois aux Arians des yeux noirs très fendus et de longs cheveux bruns. Pourquoi ces deux variantes ? Il est aisé de le deviner. « Le comte de Gobineau, dit Mme de la Tour, était grand, mince et très bien fait. Il avait l'ovale de la figure allongé, le teint pâle, le front haut, les traits réguliers, des cheveux qui, autrefois châtain clair, devinrent de bonne heure chaudement argentés. Ses yeux brun doré, très fendus, fixaient volontiers la lumière. » Et Gobineau était un arian !

« Cette variété humaine, poursuit l'ethnologue, ainsi

(1) MORLAND, p. 134-135.

entourée d'une suprême beauté de corps, n'était pas
moins supérieure d'esprit. » Elle avait, à la plus haute
puissance, toutes les qualités de la race blanche :
« de l'énergie réfléchie, ou pour mieux dire, une intelligence énergique, le sens de l'utile, mais dans une
signification de ce mot beaucoup plus large, plus élevée,
plus courageuse, plus idéale que chez les nations
jaunes ; une persévérance qui se rend compte des
obstacles et trouve à la longue le moyen de les écar-
ter ; avec une plus grande puissance physique, un
instinct extraordinaire de l'ordre, non plus seulement
comme gage de repos et de paix, mais comme moyen
indispensable de conservation, et, en même temps, un
goût prononcé de la liberté, même extrême ; une
hostilité déclarée contre cette organisation formaliste où
s'endorment volontiers les Chinois, aussi bien que contre
le despotisme hautain, seul frein suffisant aux peuples
noirs. Les blancs se distinguent encore par un amour
singulier de la vie. Cette vie qui leur est si précieuse,
ils ont découvert des raisons de la livrer sans murmure.
Le premier de ces mobiles, c'est l'honneur (1). »

En un mot la race ariane possédait originairement le
monopole de la force, de la beauté et de l'intelligence.
Nous ne trouvons pas de barbarie dans son enfance
même. A elle revient donc de droit naturel le privilège
de la suprématie universelle.

Ces trois races ainsi hiérarchisées, que vont-elles
devenir ?

Vont-elles se développer parallèlement ? « Si les trois
grands types, demeurant strictement séparés, ne s'é-
taient pas unis entre eux, sans doute la suprématie
serait toujours restée aux plus belles des tribus blanches
et les variétés jaunes et noires auraient rampé éternel-
lement aux pieds des moindres nations de cette race. C'est
un état en quelque sorte idéal puisque l'histoire ne l'a pas
vu (2). » Ce développement autonome et parallèle ne s'est
point produit, car l'humanité n'aurait pas varié. Or il y

(1) MORLAND, p. 100-101.
(2) MORLAND, p. 102.

a eu évolution, puisqu'il y a eu progrès et décadence.

Quel est le ressort de cette évolution ? Le mélange des races : idée personnelle de Gobineau et fondement de sa construction historique. « Une des idées maîtresses de cet ouvrage, écrivait-il dans la Préface de la seconde édition de l'*Essai*, c'est la grande influence des mélanges ethniques, autrement dit des mariages entre les races diverses. »

Ce mélange est à la fois bienfaisant et funeste : bienfaisant, parce qu'il est facteur de civilisation ; funeste, parce qu'il est agent de décadence.

Sans le mélange des races « la supériorité relative (de la race blanche) en persistant d'une manière plus évidente, n'aurait pas, il faut le reconnaître, été accompagnée de certains avantages que les mélanges ont produits et qui bien que ne contre-balançant pas, tant s'en faut, la somme de leurs inconvénients, n'en sont pas moins dignes d'être quelquefois applaudis. C'est ainsi que la génie artistique, également étranger aux trois grands types, n'a surgi qu'à la suite de l'hymen des blancs avec les nègres. C'est encore ainsi que, par la naissance de la variété malaye, il est sorti des races jaunes et noire, une famille plus intelligente que sa double parenté, et que de l'alliance jaune et blanche il est issu de même des intermédiaires très supérieurs aux populations purement finnoises aussi bien qu'aux tribus mélaniennes.

« Ce sont là de bons résultats. Le monde des arts et de la noble littérature résultant des mélanges du sang, les races inférieures améliorées, ennoblies, sont autant de merveilles auxquelles il faut applaudir. Les petits ont été élevés... Puisque j'énumère tout ce qui est en faveur des mélanges ethniques, j'ajouterai encore qu'on leur doit bien des raffinements de mœurs, de croyances, surtout des adoucissements de passions et de penchants.

« Malheureusement les grands, du même coup, ont été abaissés, et c'est un mal que rien ne compense ni ne répare... On a vu, par suite d'hymens multipliés, les prérogatives non seulement diminuer d'intensité, mais aussi se séparer, s'éparpiller. La race blanche possédait originairement le monopole de la beauté, de l'intelligence

et de la force. A la suite de ses unions avec les autres
variétés, il se rencontra des métis beaux sans être
forts, forts sans être intelligents, intelligents avec beaucoup de laideur et de débilité... Si donc les mélanges
sont, dans une certaine limite, favorables à la masse de
l'humanité, la relèvent et l'ennoblissent, ce n'est qu'aux
dépens de cette humanité même, puisqu'ils l'abais-
sent, l'énervent, l'humilient, l'étêtent dans ses plus
nobles éléments, et quand bien même on voudrait admettre que mieux vaut transformer en hommes médiocres
des myriades d'êtres infimes que de conserver des races
de princes dont le sang subdivisé, appauvri, frelaté,
devient l'élément déshonoré d'une semblable métamor-
phose, il resterait encore ce malheur que les mélanges ne
s'arrêtent pas : que des hommes médiocres s'unissent à
de nouvelles médiocrités, et que de ces mariages de plus
en plus avilis, naît une confusion qui, pareille à celle de
Babel, aboutit à la plus complète impuissance et mène
les sociétés au néant auquel rien ne peut remédier. C'est
là ce que nous apprend l'histoire. Elle nous montre que
toute civilisation découle de la race blanche, qu'aucune
ne peut exister sans le concours de cette race, et qu'une
société n'est grande et brillante qu'à proportion qu'elle
conserve plus longtemps le noble groupe qui l'a créée et
que ce groupe lui-même appartient au rameau le plus
illustre de l'espèce » (1).

Aux temps lointains qui précédèrent le premier hymen
ethnique, si nous voulons bien nous fier à l'imagination
du comte de Gobineau, la race noire se trouvait répan-
due en Afrique et dans l'Asie méridionale ; la race jaune,
venue d'Amérique par le détroit de Behring, occupait
la Chine et peuplait l'Europe tout entière. La race
blanche habitait, dans le plateau central de l'Asie, la
région fort limitée de l'Indou-Kousch.

Un jour, les blancs se mirent en marche. Les descendants de Cham vinrent en Mésopotamie, réduisirent les
noirs en esclavage, puis s'unirent à eux ; les mélanges
se multiplièrent trop rapidement ; ce fut, à bref délai,

(1) MORLAND, p. 102-105.

un « naufrage ethnique sans précédent. » A leur tour, les enfants de Sem « descendirent vers les mêmes régions et s'infiltrèrent lentement par petits groupes, dans les rangs de leurs cousins, dès lors presque entièrement noircis. Abraham est le type des Sémites pasteurs de troupeaux qui, s'avançant isolément vers le sud avec leur famille et leurs serviteurs, vinrent régénérer pour un temps l'Assyrie, devenue trop mélanienne, et créer les civilisations de Ninive, de Tyr, plus tard de Carthage. Par malheur ces Sémites se fondirent rapidement eux aussi dans la masse noire, et le Sémitisme deviendra le fond corrupteur des nations : par les privilèges de leur situation méditerranéenne prépondérante, ces demi-noirs contamineront successivement de leur alliance les Grecs et les Romains, déterminant ainsi le sens de l'évolution des deux grands peuples classiques (2). » Les Sémites ont inventé l'absolutisme de la théocratie et des lois, et ils ont créé l'art.

Mais hâtons-nous d'aller rejoindre les fils de Japhet, et surtout les Arians, représentants de la race la plus parfaite. Ils vont promener la civilisation à travers le monde et à travers les siècles. Nous les trouvons dans l'Inde, avec les Aryas : ils organisent en perfection le système des castes, l'ordre hiérarchique des brahmanes ou prêtres, des kschattryas ou guerriers, des vayçias ou bourgeois, des çoudras ou esclaves. Ils rayonnent en Chine et jusque dans le Japon, et y font éclore de merveilleuses civilisations. — Nous les trouvons dans la Perse, avec les Iraniens et les Scythes, pères des Sarmates et des Germains. Les Scythes tendaient à se répandre vers le sud : « déjà quelques invasions avaient percé jusqu'à l'Egypte, comme le raconte Hérodote. Mais Cyrus parut et la face du monde fut changée.

« Il se jeta à outrance au-devant des nations scythiques, les battit, les repoussa et les effraya tellement qu'il leur apprit à regarder les frontières iraniennes avec autant d'épouvante pour le moins que de convoitise. Il leur arracha ce qu'elles en avaient déjà pris et

(2) SELLIÈRE, p. 30-31.

les rejeta dans leurs déserts dont il ferma les passages. Il leur démontra l'impossibilité de sortir par cette voie de ces régions inhabitables et les contraignit à se résigner à ne plus désormais songer, pour émigrer, à la direction qu'elles avaient voulu prendre, mais à se tourner vers celle de l'Occident qui leur restait seule accessible. Telle fut l'œuvre de Cyrus. Admettons un instant que ce grand travail de défense n'eût pas réussi et que les populations arianes, ouvrant définitivement les brèches qu'elles pratiquaient depuis des siècles, eussent couvert le monde méridional, l'Europe n'aurait pas eu de populations germaniques. Il n'y aurait pas eu de Germains, ni partant de monde romain de la seconde période, ni surtout notre société barbare, ni par conséquent le moyen âge, ni rien des principes constitutifs de la civilisation moderne. L'Europe actuelle n'eût jamais existé.

A sa place on n'eût vu qu'une contradiction prolongée jusqu'à nos jours de la putridité impériale. En revanche, ce sang vigoureux, généreux, régénérateur, dont nos veines n'auraient pas une seule goutte, aurait afflué dans les régions méridionales... L'histoire entière eût été changée et nous ne pouvons guère nous rendre un compte quelque peu exact des immenses différences que l'humanité pensante aurait eu à subir. Cependant nous parvenons à comprendre que le centre du monde fût resté aux environs de la Mésopotamie, et que Londres et Paris ne se seraient jamais mirées, telles qu'elles sont aujourd'hui, dans les eaux de la Tamise et de la Seine. Ainsi ce que nous sommes nous-mêmes, Français, Anglais, Allemands, Européens du xixᵉ siècle, c'est à Cyrus que nous le devons. Il n'y a rien d'un intérêt aussi intense dans toutes les annales humaines. Cyrus n'eut jamais son égal ici-bas (1). »

Les Scythes, refoulés par Cyrus, remontèrent donc vers le Nord, s'appelant successivement Sarmates, Alains, Roxolans, Goths, etc. Ils firent une première halte dans la région du Caucase, d'où vient le nom de race caucasique, Puis, au viiiᵉ siècle avant notre ère, ils

(1) MORLAND, p. 203 sq.

fondèrent dans la Russie centrale, l'Etat du Gardarike capitale Asgard. Quatre siècles plus tard, les nobles nations roxolanes furent obligées de remonter sur leurs lourds chariots et, se dirigeant vers le nord-ouest, elles se répandirent dans la Scandinavie et la Germanie. C'est de là qu'à l'époque des invasions, ces peuples prétendus barbares s'élancent vers l'ouest et le sud-ouest de l'Europe, régénérant les vieux peuples par l'infusion d'un sang nouveau, régénérant même un instant ce vieil empire romain que Gobineau appelle avec dégoût le grand « chaos des peuples », mot qui a fait fortune.

Aux diverses latitudes et aux diverses époques, un peuple a valu dans la mesure où il était arian. Mais peu à peu les mélanges ethniques ont amené la décadence ; les races ont fusionné de plus en plus. La mésalliance accomplit son œuvre néfaste. Le sang arian se dilue, s'appauvrit. L'aristocratie dégénère, la démocratie progresse. C'est la chute fatale, irrémédiable, car il n'y a plus de sang pur pour rajeunir le monde. Et l'*Essai* se termine par des pensées profondément pessimistes sur l'avenir de l'humanité.

Mais, demandera-t-on sans doute, ne reste-t-il pas quelques gouttes de sang arian, dans l'Europe contemporaine ?

La France a depuis longtemps fait naufrage dans la « romanité », c'est-à-dire dans la démocratie. En dépit des apparences, l'Allemagne n'a plus le droit de revendiquer les privilèges du germanisme arian ; Gobineau fera cependant quelques réserves après 1870. L'Angleterre est « à proprement parler, la seule nation ariane qui vive encore de nos jours » : sa situation géographique, en l'isolant du continent, l'a préservée des contacts pernicieux. Toutefois, remarque Gobineau, « la démocratie jadis inconnue proclame des prétentions qui n'ont pas été inventées sur le sol anglo-saxon... Tout révèle la présence d'une cause de transformation apportée du continent. L'Angleterre est en marche pour entrer à son tour dans le milieu de la romanité. » Est-ce une boutade ? est-ce une prophétie ? L'avenir nous le dira. Fondées par des colons anglo-saxons, les jeunes démo-

cratiesaméricaines ont altéré par des mélanges ethniques
la pureté de leur origine. La civilisation des Etats-Unis
ne dépassera pas le niveau des vieilles civilisations européennes. On voit que le comte de Gobineau ne partage
pas l'optimisme de son protecteur, Alexis de Tocqueville.

En résumé, d'après Gobineau, l'impérialisme arian
est seul de droit naturel. Notre sociologue justifie en
somme un impérialisme cosmopolite et assez archaïque.

Par voie de conséquence, il favoriserait plutôt l'impérialisme anglais. Chose curieuse, c'est l'impérialisme
allemand qui se réclame des principes gobiniens, comme
nous le dirons tout à l'heure.

Impérialisme individuel.

Le surhomme, c'est, par définition, l'Arian. Que dis-
je ? Il n'y a d' « homme véritable que l'Arian ». On ne peut
donc parler de surhomme que du jour où les mélanges
ethniques ont élevé à la dignité d'hommes les membres
des races inférieures. Alors le surhomme est celui qui
garde le plus de sang arian dans ses veines.

Des surhommes ainsi définis, on peut en trouver dans
l'histoire des temps passés. Mais, de nos jours, après
tant d'amalgames ethniques, quel réactif sera assez
puissant pour dénoncer la présence du sang arian ? La
difficulté paraît très grave : Gobineau s'efforce, dans
les *Pléiades,* de la résoudre ainsi : « Nous sommes, dit
Nore, trois calenders, fils de rois ; vous me désobligeriez
sensiblement en hésitant à accepter cette vérité... En
prononçant cette parole magique « je suis fils de roi »,
le narrateur établit du premier mot et sans avoir besoin
de détailler sa pensée, qu'il est doué de qualités particulières, précieuses, en vertu desquelles il s'élève naturellement au-dessus du vulgaire... Cela signifie : je suis
d'un tempérament hardi et généreux, étranger aux
suggestions ordinaires des naturels communs... L'indé-
pendance de mon esprit, la liberté la plus absolue dans
mes opinions sont des privilèges inébranlables de ma
noble origine ; le Ciel me les a conférés dans mon ber-

ceau, à la façon dont les fils de France recevaient le cordon bleu du Saint-Esprit, et tant que je vivrai, je les garderai...

— Je vous comprends, répartit Lanze... Un fils de roi, c'est celui qui a trouvé les qualités que vous avez dites pendues à son cou dès le jour de sa naissance ; celui-là, incontestablement, par un lignage quelconque, a reçu du sang infusé dans ses veines les vertus supérieures, les mérites sacrés que l'on voit exister en lui, que le monde ambiant ne lui a pas communiqués. Où ce monde les eût-il pris, quand il ne les a pas ? Où le nourrisson les eût-il saisis, puisque nulle part il ne les avait sous la main ? Quel lait de nourrice les lui eût donnés ? Existe-t-il des nourrices aussi sublimes ? Non. Ce qu'il est, sort d'une combinaison mystérieuse et native : c'est une réunion complète en sa personne des éléments nobles, divins, si vous voulez, que des aïeux anciens possédaient en toute plénitude et que les mélanges des générations suivantes avec d'indignes alliances avaient, pour un temps, déguisés, voilés, affaiblis, atténués, dissimulés, fait disparaître, mais qui, jamais morts, reparaissent soudain dans les fils de roi dont nous parlons.

— Vous m'inquiétez, interrompit Laudon. Ainsi, à votre gré, il y aurait aujourd'hui, de par le monde, un certain nombre de personnes dans l'individualité desquelles les atomes les plus précieux de leurs plus précieux ancêtres auraient réussi à se réunir, en expulsant ce que des intrusions fâcheuses y auraient apporté de mélanges stupéfiants ou énervants pendant des séries plus ou moins longues de générations précédentes, et il en résulterait qu'en fait ces gens-là, dans quelque situation sociale que le ciel les ait fait naître, seraient les vrais fils survivants des hommes de Rollon et voire des Amales et des Mérowings !

— Evidemment, répondit Nore, il en est comme vous le dites. Bien des siècles ont passé depuis que, les esclaves et les fils d'esclaves relevant la tête, la société moderne a commencé son sabbat. Les braves gens, poussés dans l'abîme par la foule des pieds plats, ne sauraient compter. Pourtant, au fond de l'abîme, tous ne sont pas morts ; beaucoup ont vécu tant bien que mal ; quelques-uns se sont rattrapés, lentement, lentement, aux anfractuosités du roc, aux touffes d'herbes, aux branches des buissons. Ils sont revenus à la surface du sol, souillés, meurtris ; il a fallu du temps pour les débarbouiller ; d'ailleurs je n'ai pas la prétention de dire qu'ils soient absolument parfaits, et c'est ainsi que je vous présente, en ma personne unie aux vôtres, trois calenders, borgnes de l'œil droit et fils de rois (1). »

Voilà de l'aryanisme à bon marché, de l'aryanisme symbolique. Mais Gobineau ne se décourage pas : il tente d'établir la généalogie ariane des fils de roi, à commencer par lui-même. D'où son histoire d'Ottar-Jarl, pirate norvégien, son ancêtre authentique. Le comte de Gobineau se sentait arian. Le prince d'Eulenburg raconte, à ce sujet, une anecdote charmante. C'était au temps où tous deux se trouvaient à Stockholm. « Gobineau, dit-il, venait de terminer la Valkyrie, un de ses plus beaux bustes. (J'ai oublié de dire que le comte était aussi sculpteur.) Les regards enflammés de la Valkyrie plongent autour du Walhalla. Peut-être appelle-t-elle Ottar Jarl !... L'histoire de ce héros du Nord, qu'il honorait comme le chef de ses ancêtres, absorbait alors Gobineau. Nous fîmes un jour une excursion au rocher de Djursholm, dont le granit diapré, velouté de mousse sombre, sort des flots bleus. Les ruines d'un mur cyclopéen saillent sur la hauteur et les vieux pins s'incrustent dans la roche puissante. Gobineau, comme un jeune homme, avait escaladé le sommet. Nous nous y tenions tous deux, contemplant l'étendue bleue de la mer, où émergeaient de toutes parts les îles rocheuses. « Ceci fut la Burg d'Ottar-Jarl, » dit Gobineau. Je le questionnai du regard. « Oui, reprit-il avec une conviction absolue et grave, c'est d'ici que je sors : je le sens (2). » C'était une affirma-

---

(1) MORLAND, p. 279-283.

(2) Anecdote rapportée par R. Dreyfus, op. cit., p. 313.

tion de la conscience ethnologique. Disons simplement
que l'aryanisme physiologique du surhomme est désormais un postulat.

S'il se définit malaisément par l'ethnologie physique,
le surhomme arian se définit mieux par l'ethnologie
morale. Le surhomme n'est pas seulement celui qui a
du sang arian, c'est surtout celui qui a l'âme ariane.

Aujourd'hui comme toujours, on reconnaît l'Arian à
son individualisme indomptable. Il garde en lui l'énergie puissante et l'orgueil dominateur du surpeuple arian.
C'est une qualité héréditaire : noblesse oblige.

Cet instinct de domination fait que le surhomme
exerce l'*imperium*, à défaut d'autres, sur soi-même, c'est
du stoïcisme. Dans le stoïcisme arian, il entre plus
d'orgueil que de sagesse. L'Arian travaille moins à se
posséder qu'à se conquérir.

En face de la vie et de la souffrance, l'Arian pratique
l'ascétisme. Ici encore son attitude est une attitude
d'orgueil. Il ne se résigne pas, il se raidit. C'est bien
l'attitude hautaine d'un aristocrate meurtri.

Energie concentrée, se tournant, aux heures difficiles
des temps de décadence, vers la domination violente
de soi-même et l'acceptation dédaigneuse de la souffrance, tel est le surhomme arian, qu'il s'appelle Gobineau surtout depuis 1870, qu'il s'appelle Norton (*Souvenirs de voyage*), Bullet, Nore ou Harriet Coxe
(*Pléiades*).

« Un jour, la conversation de Wahnfried ayant
touché les questions sociales, Wagner défendit la conception du monde de son maître Schopenhauer et la
morale de la compassion. Gobineau n'en voulut rien
savoir. Préférer dans ce monde de misère le pauvre au
riche, le sot au sage, l'estropié à l'homme de santé,
c'était à son avis une erreur. D'ailleurs une nature
élevée se montre d'elle-même et indépendamment de
tout précepte, pitoyable, prête au sacrifice et sans souci
des conjonctures matérielles. A la religion chrétienne,
il opposait la dignité païenne ; à celui qui pardonne
tendrement, celui qui accepte sans une plainte et sans
une faiblesse ; au renoncement passionné, le renonce-

ment dédaigneux. En tout cas, sous aucune forme, il ne voulait entendre parler de l'égalité des hommes. Ce trait est profondément caractéristique ; voilà le néo-stoïcisme de l'impérialisme véritable, en face du mysti-cisme fade de l'égalité transcendante ; l'ascétisme arian, fils de la raison orgueilleuse, toujours en méfiance devant l'ascétisme demi-nègre d'un Bouddha ou d'un Schopenhauer (1). »

La comtesse Touska dit à Casimir Bullet : « Pas de religion, pas de patrie, pas de métier, pas d'amour. Le vide est fait. La table est rase. Il ne reste absolument rien. Que concluez-vous ? — Je conclus qu'il reste l'homme, répondit Bullet, et s'il a eu la force de regar-der sa propre volonté en face et de la trouver solide, on est en droit d'affirmer qu'il possède quelque peu. — Et quoi, je vous prie ? — Le stoïcisme. Ce n'est pas là une vision, ni même une étrangeté. Les temps comme celui-ci ont toujours produit cette autorité sévère (2). »

Harriet Coxe « était une fille saxonne, faite pour vaincre elle-même et les autres, et elle le faisait ; non sans souffrir, sans réclamer, se plaindre en elle-même, sans éprouver la cuisson de tous les piquants de l'ima-gination en révolte, mais sans faiblir une seconde dans sa résolution de ne pas rendre autrui témoin de ses défaillances. Les sculpteurs grecs ont connu la beauté. Ils l'ont vue émue quelquefois, mais par des passions simples comme elle. Ils ont contemplé dans cette sublime image l'intelligence droite, cherchant peu, trou-vant ce qu'elle voulait... Mais nous, nous voyons plus d'idées, nous savons davantage, et ce que nous devi-nons à demi s'étend infiniment plus loin. Ni les passions, ni les sentiments, ni les besoins, ni les instincts, ni les désirs, ni les craintes ne sont demeurés accroupis sur l'humble degré où la philosophie de Platon les trouva. Tout a monté, tout a multiplié. Ce peuple de génies ailés qui nous mène, nous dirige ou nous égare, s'ap-

(1) E. Seillière, op. cit., p. 359-360.
(2) Morland, p. 316.

pelle désormais légion, et c'est lui qui, pétrissant les âmes, fait refléter sur la face humaine des expressions, des significations que ni Praxitèle ni Phidias n'avaient pu connaître. Ces maîtres n'auraient point regardé la physionomie d'Harriet si elle avait passé devant eux, pour eux, ce n'eût pas été la beauté. C'était la beauté pourtant, la beauté d'une ère qui n'est pas celle de la joie, mais celle de la vie doublée et redoublée (1). »

La vie doublée et redoublée, la vie intense caractérise le surhomme. Gobineau voit là le signe non équivoque d'une supériorité de race. Ce sont, dit-il, qualités d'Arian, Mais si, autrefois, on était surhomme parce qu'on était Arian, ne pourrait-on pas dire qu'aujourd'hui l'on est Arian, parce que l'on est surhomme. En un mot, le surhomme est Arian ou digne de l'être. L'optique semble renversée : la valeur personnelle fonde la valeur ethnique.

Influence du Gobinisme.

L'*Essai*, les *Pléiades*, c'est tout Gobineau sociologue. Or ces deux œuvres ont exercé une influence, l'une sur Richard Wagner, l'autre sur Frédéric Nietzsche.

Le nom de Wagner ne détonne-t-il pas dans cette étude ? A quel titre la « chimie historique » d'un Gobineau pourrait-elle intéresser le génial compositeur de *Tannhäuser* ou de *Parsifal* ? Et pourtant c'est à Wagner et à l'école wagnérienne que Gobineau doit sa grande renommée. Il y a là un problème historique assez curieux.

Assurément ce ne sont pas les théories musicales de Gobineau qui ont enthousiasmé Wagner. « La source d'où les arts ont jailli, dit l'auteur de l'*Essai*, est étrangère aux instincts civilisateurs : elle est cachée dans le sang des noirs... C'est, dira-t-on, une belle couronne que je pose sur la tête difforme du nègre, et un bien grand honneur à lui faire que de grouper autour de lui le chœur

(1) MORLAND, p. 303-304.

harmonieux de Muses... Parmi tous les arts que la créature mélanienne préfère, la musique tient la première place, en tant qu'elle caresse l'oreille par une succession de sons et qu'elle ne demande rien à la partie pensante de son cerveau. Le nègre l'aime beaucoup, il en jouit avec excès. Mais pour mettre ses facultés en valeur, il faut qu'il s'allie avec une race différemment douée. Le génie artistique, également étranger aux trois grands types, n'a surgi qu'à la suite de l'hymen des blancs avec les noirs (1). » On ne peut qu'admirer la logique du système gobinien. Wagner devait la goûter médiocrement. « Comment justifier, par une telle interprétation ethnique, le rôle moral de la musique germanique, la mission régénératrice de l'art de Bayreuth ? Faudrait-il donc chercher des grands-pères nègres aux petits-fils de Hans Sachs (2) ? »

Mais Wagner n'était pas seulement un artiste de génie : il était, surtout il se piquait d'être un philosophe. Or sociologie et philosophie ont de nombreux points de contact.

Le wagnérien Houston Chamberlain a écrit dans la *Revue des Deux Mondes* : « Je crois qu'avec Liszt, le roi Louis II et Heinrich von Stein, Gobineau est le seul homme qui ait mérité la qualification d'ami de Wagner pendant les dernières années de la vie du maître. Mais Stein était trop jeune pour être autre chose qu'un disciple, et ni Liszt ni le roi de Bavière n'exercèrent la moindre influence sur la pensée de Wagner. Gobineau, tout au contraire, n'a pas peu contribué à la formule définitive que devait prendre cette doctrine, cet idéal que Wagner poursuivit pendant sa vie entière : le rêve d'une régénération possible de l'humanité par l'alliance de l'art et de la religion (3). »

Il est certain que, pour Wagner, la grande question morale, celle qui prime toutes les autres, c'est la rédemption. La rédemption est le *leitmotiv* de son œuvre. Pas un de ses opéras où quelque personnage ne soit racheté :

(1) DREYFUS, p. 121-123.
(2) E. SEILLIÈRE, *op. cit.*, p. 40.
(3) *Revue des Deux Mondes*, 15 juillet 1895.

souvenez-vous du *Vaisseau fantôme*, des *Maîtres chanteurs*, de *Tannhäuser*, de *Parsifal*... Gobineau, au contraire, conteste la possibilité même d'une régénération : car il n'y a plus (ou presque plus) dans le monde du sang pur arian.

Wagner rêve d'une régénération par la religion. Mais, aux yeux de Gobineau, la religion n'a pas la moindre vertu civilisatrice, et, à la fin de sa vie, notre sociologue, loin d'atténuer le caractère amoral et irréligieux de sa thèse historique, l'a plutôt accentué. M. Chamberlain n'a-t-il pas affirmé lui-même que Gobineau « catholique par la croyance, reste païen par la pensée » ?

Comment donc l'auteur de l'*Essai* a-t-il contribué à la formule définitive que devait prendre la doctrine de Wagner ? Wagner nous le dit dans *Héroïsme et Christianisme* : il a emprunté à Gobineau le mélange ethnique, cause de dégénération. Wagner voulait régénérer l'humanité ; encore fallait-il que l'humanité en eût besoin. Gobineau fournit à Wagner la preuve de cette dégénérescence, et une preuve telle que l'artiste la désirait. Wagner, dans *Religion et Art*, souhaitait que la cause de dégénérescence fût une erreur accidentelle, une folie de jeunesse, afin d'être plus facilement réparable. La cause tant désirée, c'est la mésalliance ethnique, folie de jeunesse comme tant d'autres mésalliances.

C'est peu de chose, et tout est là ou à peu près. L'admiration et l'amitié firent le reste : elles donnèrent à Wagner et à ses disciples l'illusion qu'il y avait communauté d'idées là où d'ordinaire il n'y avait qu'affinité de sentiments.

Le vrai disciple de l'auteur de l'*Essai*, c'est Chamberlain, et, par lui, Guillaume II.

Dans les *Assises du XIXᵉ siècle*, Chamberlain dit que toute l'histoire de l'Europe occidentale depuis 1500 ans tient dans le conflit de deux groupes ethniques : d'une part, la race slavo-celto-germanique, race de maîtres et de dominateurs par droit de naissance ; d'autre part, un chaos de peuples méditerranéens. C'est du Gobineau, revu et corrigé.

Sur cette base ethnique, Chamberlain bâtit un impérialisme mystique et un impérialisme politique. Nous avons déjà parlé de néo-mysticisme germanique ; ajoutons qu'on présente sans ambages Guillaume II comme le Messie de cette religion nouvelle (1). Chamberlain trace en même temps un programme politique de pangermanisme que l'empereur suit souvent à la lettre. Et l'on dira que le Kaiser est un utopiste, un mégalomane ? c'est un gobiniste !

Moins heureux que Wagner, Nietzsche n'a point connu Gobineau. Il le regrettait bien. Un jour que sa sœur, Mme Fœrster-Nietzsche, lui déconseillait la vie nomade qui ne le mettait guère en contact qu'avec des esprits vulgaires et superficiels : « Mais qui donc fréquenterais-je ? » répondit-il. Et comme elle lui rappelait Gobineau, Nietzsche reprit avec tristesse : « Oui, mais il n'est plus et il y a peu d'hommes tels que lui. » En 1888, Nietzsche écrivait lui-même : « Je suis de nouveau dans ma bonne ville de Turin, cette ville que Gobineau lui aussi a fort aimée, probablement parce qu'elle nous ressemble à tous deux. » Eux du moins se ressemblaient : même caractère hautain, même tempérament aristocratique, et à la fin de leur vie, même ultra-individualisme.

Nietzsche lut les ouvrages de Gobineau. « Certainement, dit Mme Fœrster, mon frère a connu les écrits de Gobineau. Et comme il l'a vénéré ! » De plus, les *Bayreuther Blätter* menaient campagne en faveur du comte, et Nietzsche les lisait, car il suivait avec une curiosité ironique l'évolution de la philosophie wagnérienne.

L'influence de Gobineau sur Nietzsche se fait nettement sentir à partir de 1883. Elle est manifeste dans le 4e livre de Zarathousthra, surtout dans *Par-delà bon et méchant* et dans la *Généalogie de la morale*.

Nietzsche a rendu populaire le nom du surhomme, de l'Uebermensch, tiré de Gœthe. Mais nous trouvons dans

(1) E. SEILIÈRE. *Revue des Deux Mondes,* 1er et 15 décembre 1903 et 1er janvier 1904; *Journal des Débats,* 17 août 1901.

Nietzsche au moins deux types de surhomme. Jusqu'en 1883, c'est le « Génie » romantique : à partir de 1883, c'est la « superbe bête de proie blonde ». Ce dernier est de la race du surhomme gobinien.

Le surhomme des *Pléiades* avait, avant tout, l'âme ariane, âme fortement trempée, avide de domination et dédaigneuse de la souffrance.

L'énergie ariane s'appelle dans Nietzsche « volonté de puissance ». L'orgueil dominateur inspire au philosophe des réflexions de ce genre : « Jusqu'à quel point la hauteur de l'orgueil collectif, la fierté de la distance dans la vie, le sentiment d'être inégal, l'aversion contre la moyenne et les droits égaux peuvent-ils être une école de l'orgueil individuel ? L'individu est forcé de représenter l'orgueil du tout : il lui faut donc parler et agir avec un extrême respect de soi-même. Cette responsabilité pour le tout procure à l'individu un regard étendu, une main sévère et terrible, une prudence, une froideur, une grandeur de l'attitude et du geste qu'il ne se donnerait pas pour lui-même. En somme, les sentiments d'orgueil collectif sont la grande école de la souveraineté sur soi-même. La classe noble est celle qu'a faite l'hérédité de cette éducation-là (1). » Nietzsche marque très bien dans ce passage la transition logique de l'impérialisme collectif à l'impérialisme individuel.

Le stoïcisme arian se formulerait merveilleusement par ces aphorismes nietzschéens : « Le plus beau des spectacles est celui de la force qu'un génie déploie non pour des œuvres, mais sur soi-même en tant qu'œuvre. » « Les grandes natures morales naissent dans les temps de dissolution. Ce sont les restricteurs d'eux-mêmes, les orgueilleux, les caractères de gouvernement qui, dans un monde nouveau, n'ont plus trouvé à dominer autre chose qu'eux-mêmes. »

A l'exemple de l'ascète arian, Nietzsche envisage la souffrance comme moyen de bronzer la volonté. Il faut « se procurer par toute sorte d'ascétisme une prépondé-

(1) *Biog.*, ɪ:, 790.

rance et une assurance à l'égard de sa force de volonté. »
« Soyez durs, » dit sans cesse Zarathoustra.

Gobineau, dans les *Pléiades,* faisait des prodiges
d'ingéniosité pour établir la généalogie ariane du surhomme, car il trouvait bien des lacunes, des solutions
de continuité dans les registres de sa propre famille.
Nietzsche en reste aux théories ethniques de l'*Essai* et,
à partir de 1883, proclame seul noble le conquérant
aryen aux blonds cheveux, « la superbe bête de proie
blonde ». Nietzsche comme Gobineau admet la décadence universelle, produite principalement par le
mélange des races. Bon et mauvais changent désormais
de signification : bon signifie « noble par le sang » ;
mauvais, représentant de la race soumise. Nietzsche
copie Gobineau jusque dans la recherche de ses titres
nobiliaires : il veut à tout prix descendre des comtes
polonais de Nietsky. « On m'a enseigné, dit-il, à rap-
porter l'origine de mon sang et de mon nom à des gen-
tilshommes polonais qui se nommaient Nietsky. On
m'a souvent affirmé que mon aspect rappelle, aujour-
d'hui encore, le type polonais... Les Polonais me sem-
blaient le plus doué, le plus chevaleresque des peuples
slaves ; je croyais les Slaves supérieurs aux Allemands.
J'aimais à me rappeler le privilège du noble polonais,
annihilant par son seul veto la décision d'une assemblée entière (1) ». En 1884, il reçut avec reconnaissance
des mains du polonais Fritz un manuscrit portant ce
titre : *L'origine de la famille seigneuriale des Nietsky.*
« Je ne puis dire, avoue Mme Fœrster, que ce docu-
ment, en dépit de nombreux sceaux et empreintes, ait
eu sur moi une influence persuasive. »

Poursuivons la comparaison.

Le surhomme doit avoir une morale à part, « la
morale des maîtres, » tout autre que la « morale des
esclaves ». En bonne logique, c'est la vraie morale
impérialiste, la vraie morale de caste. Personne avant
Nietzsche n'avait osé l'exposer en système. Nietzsche
la formule hardiment dans le premier livre de la *Généa-*

(1) E. SEILLIÈRE, *Apollon ou Dionysos,* p. 322-321.

logie morale. Remarquons que cet ouvrage est postérieur à 1883. Or, nous trouvons cette morale en germe dans les *Pléiades* qui sont de 1874, et surtout dans la *Renaissance* qui est de 1877.

Les *Pléiades* répartissent l'humanité en deux groupes : d'un côté, les fils de roi ; de l'autre, la cohue des imbéciles, des drôles et des brutes. Aristocratie et plèbe ; élite et troupeau ; maîtres et esclaves. « Reconnaissez-vous, dit Wilfrid, la barbarie toute pleine, non pas cette barbarie juvénile, brave, hardie, pittoresque, heureuse, mais une sauvagerie louche, maussade, hargneuse, laide et qui tuera tout et ne créera rien ! Admirez, du moins, sa masse ! Sa masse, en effet, est énorme. Admirez la belle ordonnance de sa division en trois parties. En tête, la tribu bariolée des imbéciles. Ils mènent tout, portent les clés, ouvrent les portes, inventent les phrases, pleurent de s'être trompés, assurent qu'ils n'auraient jamais cru... Voici maintenant les drôles : Ils sont partout, sur les flancs, sur le front, à la queue ; ils courent, s'agitent, s'émeuvent, et leur unique affaire est d'empêcher rien de s'arranger ni de s'arrêter avant qu'ils ne soient assis eux-mêmes. A quoi sert qu'ils soient assis ? A peine une de leurs bandes se déclare-t-elle repue, que des essaims affamés et pareils viennent, en courant, prendre la suite de son commerce. Et maintenant voilà les brutes. Les imbéciles les ont déchaînées ; les drôles poussent leurs troupeaux innombrables. Vous me demandez ce que je fais de ce pandémonium ? J'en fais ce qu'il est, l'hébétement, la destruction et la mort...

« ...Laure reprit enfin :

« Vous avez raison sans doute ; je ne saurais m'intéresser à la masse de ce qui s'appelle hommes. Je suppose que, dans le plan de la création, ces créatures ont une utilité ; puisque je les y vois : elles nous gênent et nous les poussons. Mais je me figure et je ne vois rien de beau et de bon que sans elles. Le monde moral, enfin, est en tous les points semblable à ce ciel étoilé dont s'arrondissent en ce moment les magnifiques profondeurs. Mon regard n'y découvre, n'y cherche, n'y

veut voir que les êtres étincelants qui, le front couronné
de scintillements éternels, se groupent intelligemment
dans les espaces infinis, attirés, associés par les lois
d'une mystérieuse et irréfragable affinité. Je sais qu'en
dehors de ces astres l'atmosphère entière, sans en
laisser libre et vacant un seul point, est remplie, saturée
d'existences invisibles à mes yeux. Tantôt c'est le
bolide éteint qui sillonne le silence et va porter dans
quelques recoins des abîmes inconnus un reste de
matière, un souffle impur de soufre et de gaz délétéres ;
tantôt ce sont les myriades d'animalcules propagateurs
de la peste et du typhus, tantôt les nuages de sauterelles
qui, d'un continent à l'autre, promèneront la stérilité,
la destruction, la famine et la mort. De toutes ces forces
ignobles ou malfaisantes, je ne tiens nul compte ; mon
regard, mon affection, mon respect, mon attendrisse-
ment, ma curiosité ne s'attachent qu'à ces êtres lumi-
neux entre-croisant leurs pas dans les courbes célestes ;
je ne m'associe qu'à ces intimités dont je les vois si
occupés : constellations, réunions, groupes, soit fixés,
soit errants, cela seul est digne d'admiration et d'amitié,
et je trouve bien naturelle et bien juste cette idée présente, toujours, dans tous les siècles, sous toutes les
formes de sociétés, sous toutes les conditions d'existences et avec toutes les lois religieuses, à la pensée des
honnêtes gens, des gens de conscience et de puissance,
des hommes qui savaient penser et exécuter, et n'ont
jamais manqué en s'isolant de la foule de se qualifier
de pléiade (1). »

Dans la *Renaissance,* Alexandre VI tient à Lucrèce
Borgia ce singulier langage : « Songez à la gloire de
votre maison, à l'avenir de vos établissements, et que
toute considération disparaisse devant une ambition si
utile. Sachez désormais que, pour ces sortes de personnes
que la destinée appelle à dominer sur les autres, les
règles ordinaires de la vie se renversent et le devoir
devient tout différent. Le bien, le mal, se transportent
ailleurs, plus haut, dans un autre milieu, et les mérites

---

(1) MORLAND, p. 281-287.

qui se peuvent approuver dans une femme ordinaire deviendraient chez vous des vices, par cela seul qu'ils ne seraient que des causes d'achoppement, de ruine. Or, la grande loi du monde, ce n'est pas de faire ceci ou cela, d'éviter ce point ou de courir à tel autre ; c'est de vivre, de grandir et de développer ce qu'on a en soi de plus énergique et de plus grand, de telle sorte que d'une sphère quelconque on sache toujours s'efforcer de passer dans une plus large, plus aérée, plus haute. Ne l'oubliez pas. Marchez droit devant vous. Ne faites que ce qui vous plaît, en tant que cela vous sert. Abandonnez aux petits esprits, à la plèbe des subordonnés, les langueurs et les scrupules (1). »

C'est, en fin de compte, la divinisation du moi. « Nous sommes sublimes entre les hommes, dit Gobineau, et personne ici-bas ne nous est comparable. Travaillons à devenir des dieux. » « S'il y a des dieux, dit Nietzsche, pourquoi ne serais-je pas dieu ? »

Nous n'avons nommé jusqu'ici que les disciples les plus illustres de Gobineau, tous disciples d'outre-Rhin. Mais le Gobinisme a eu aussi son action en France, soit sur la sociologie, soit même sur la politique.

Parmi les sociologues qui relèvent de Gobineau, il convient de citer au premier rang le comte de Leusse. Il lut assez tard l'*Essai sur l'inégalité des races humaines.* « Ce livre, dit-il, je l'ai lu et relu plusieurs fois ; il m'a ouvert un horizon absolument nouveau, c'est le livre d'un précurseur ; il indique, à grands traits, presque avec une sorte de divination, tout ce que la science moderne commence à préciser par ses recherches patientes et minutieuses. » Cet enthousiasme ne s'est point refroidi. Durant quinze années, le comte de Leusse a mis à l'épreuve la théorie gobinienne ; ses recherches n'ont fait que le confirmer dans son idée première. Il a consigné ses réflexions et observations dans un ouvrage : *Études d'histoire ethnique : la démocratie, voilà l'ennemi* (2) », ouvrage très documenté,

(1) MORLAND, p. 311.
2) Bloud, 1900.

très profond, le meilleur qu'ait produit l'école de Gobineau.

La politique même, le croirait-on, exploite le gobinisme. M. Dreyfus tient Gobineau pour le précurseur, bien involontaire, de l'antisémitisme et du nationalisme. Chefs antisémites et « théoriciens lettrés du nationalisme » jouent à l'envi de l'idée de race, rappellent constamment la supériorité de l'Arian sur le Sémite, entendez du Français sur le Juif, et somment la nation de demeurer « fidèle aux bons comme aux mauvais instincts du type historique ». Gobineau affirme, il est vrai, la supériorité de l'Arian sur le Sémite, mais aux temps des races pures, aux temps préhistoriques, avant l'hymen des races. De nos jours, la hiérarchie des races n'a plus de sens.

IDÉES RELIGIEUSES DE GOBINEAU

Le comte de Gobineau était catholique : il l'était par tradition de famille et par convictions personnelles. Dans la dédicace de l'*Essai*, il vante les premiers chapitres de la Genèse, « cet abîme d'assertions dont on n'admire jamais assez la richesse et la rectitude ». Dans la conclusion générale du même ouvrage, il écrit : « En s'arrêtant même aux temps qui doivent quelque peu précéder le dernier soupir de notre espèce, en se détournant de ces âges envahis par la mort, où le globe devenu muet continuera, mais sans nous, à décrire dans l'espace ses orbes impassibles, je ne sais si l'on n'est pas en droit d'appeler la fin du monde cette époque moins lointaine qui verra déjà l'abaissement complet de notre espèce. Je n'affirmerai pas non plus qu'il fût bien facile de s'intéresser avec un reste d'amour aux destinées de quelques poignées d'êtres dépouillés de force, de beauté, d'intelligence, si l'on ne se rappelait qu'il leur restera du moins la foi religieuse, dernier lien, unique souvenir, héritage précieux des jours meilleurs. » Gobineau vécut et mourut en chrétien.

C'est ce chrétien qui a écrit le chapitre vii du livre I de l'*Essai :* « Le christianisme ne crée pas et ne transforme pas l'aptitude civilisatrice. » Comment faut-il l'entendre ?

Gobineau marque très bien le caractère transcendant du christianisme. « Partout, dit-il, on le voit se contenter de l'état social où il trouve ses néophytes, quelque imparfait que soit cet état. Pourvu qu'il en puisse élaguer ce qui nuit à la santé de l'âme, le reste ne lui importe en rien. Il laisse les Chinois avec leurs robes, les Esquimaux avec leurs fourrures, les premiers mangeant du riz, les seconds du lard de baleine, absolument comme il les a trouvés, et il n'attache aucune importance à ce qu'ils adoptent un autre genre d'existence.

Si l'état de ces gens comporte une amélioration conséquente à lui-même, le christianisme tendra certainement à l'amener ; mais il ne changera pas du tout au tout
les habitudes qu'il aura d'abord rencontrées et ne forcera
pas le passage d'une civilisation à une autre, car il n'en
a adopté aucune ; il se sert de toutes et est au-dessus
de toutes... La plus grande nouveauté que le christianisme ait apportée dans le monde, c'est précisément
d'agir d'une manière tout opposée aux religions
antiques. Elles avaient leurs peuples, il n'eut pas le
sien : il ne choisit personne, il s'adressa à tout le monde,
et non seulement aux riches comme aux pauvres, mais
tout d'abord il reçut de l'Esprit-Saint la langue de chacun, afin de parler à chacun l'idiome de son pays et d'annoncer la foi avec les idées et au moyen des images les
plus compréhensibles pour chaque nation. Il ne venait
pas changer l'extérieur de l'homme, le monde matériel,
il venait apprendre à le mépriser. Il ne prétendait toucher qu'à l'être intérieur... Aucune civilisation, de
quelque genre qu'elle soit, n'appela jamais son amour
ni n'excita ses dédains, et c'est pour cette rare impartialité et uniquement par les effets qui en devaient sortir, que cette loi put s'appeler avec raison catholique,
universelle, car elle n'appartenait en propre à aucune
civilisation, elle n'est venue préconiser exclusivement
aucune forme d'existence terrestre, elle n'en repousse
aucune et veut les épurer toutes... Ce qu'on ne voit pas
c'est que l'Eglise ait jamais fourni au monde un type
unique de civilisation auquel elle ait prétendu que ses
croyants dussent se rattacher. Elle s'accommode de
tout, même de la hutte la plus grossière, et là où il se
rencontre un sauvage assez stupide pour ne pas vouloir
comprendre l'utilité d'un abri, il se trouve également un
missionnaire assez dévoué pour s'asseoir à côté de lui
sur la roche dure et ne penser qu'à faire pénétrer dans
son âme les notions essentielles du salut (1). » Le Christianisme règne sur les âmes : avant tout, il poursuit
la sanctification et le salut des âmes. Son royaume

(1) MORLAND, p. 76 sq.

est un royaume spirituel, il n'est pas de ce monde.

« Le Christianisme, conclut Gobineau, n'est donc pas civilisateur comme nous l'entendons d'ordinaire : il peut être adopté par les races les plus diverses sans heurter leurs aptitudes spéciales, ni leur demander rien qui dépasse la limite de leurs facultés. Qu'il me soit permis de le confesser, ajoute-t-il, je n'ai jamais compris cette doctrine toute moderne qui consiste à identifier tellement la loi du Christ avec les intérêts de ce monde qu'on en fasse sortir un prétendu ordre de choses appelé la civilisation chrétienne. » Il est certain que le christianisme n'a pas été institué pour procurer à la société humaine les avantages de la vie présente : son but premier n'est pas d'organiser les sociétés en vue de leurs intérêts terrestres ; il n'a pas pour mission directe de hâter les progrès de la science ni de l'industrie. Est-ce à dire que le christianisme n'ait aucune vertu civilisatrice ? « Le christianisme, répond Gobineau, est civilisateur en tant qu'il rend l'homme plus réfléchi et plus doux ; toutefois il ne l'est qu'indirectement, car cette douceur et ce développement de l'intelligence, il n'a pas pour but de les appliquer aux choses périssables. » Sans doute, mais le chrétien vit dans le monde, il vit au milieu des choses périssables ; et, si son intelligence se développe, si ses mœurs s'adoucissent, est-ce que la vie terrestre ne s'en ressentira pas ? est-ce que la société n'en bénéficiera pas ? Le sauvage converti par le missionnaire fera son salut dans le ciel, mais, dit Gobineau, il restera un sauvage sur terre. Prenons un anthropophage : il devient chrétien. Au lieu de manger son prochain, il apprend à l'aimer comme un frère. N'y a-t-il rien de changé ?

Le christianisme travaille directement au progrès religieux et moral de l'humanité. Il pose ainsi les bases nécessaires de tout progrès social et matériel : ce dernier progrès, il n'a pas à l'assurer au monde, mais il peut aider efficacement à l'acquérir. Le christianisme a une vertu sociale dont il importe de comprendre la juste valeur. C'est, si l'on veut, le côté humain de notre religion.

Gobineau a vu plutôt le côté divin. Nous lui reprochons de n'avoir pas étudié de près le rôle civilisateur
de sa religion. Peut-être eût-il modifié ses théories
sociologiques, peut-être eût-il terminé son *Essai* sur
une note moins pessimiste.

Des penchants de nature l'ont détourné sans doute
de cette étude. M. de Gobineau était foncièrement
aristocrate et délibérément impérialiste. Or le christianisme préfère aux forts les petits et les humbles. Il
a fallu, semble-t-il, une cause de ce genre pour que
l'auteur de l'*Essai* garde une telle attitude, à une époque
où la pensée religieuse exalte volontiers la fécondité
sociale du christianisme.

Citons simplement pour mémoire un ouvrage du comte
intitulé : « *Les Religions et les Philosophies dans l'Asie
centrale* (1865). » Cet ouvrage, très fortement pensé,
mérite ici une mention, parce que Gobineau y expose
avec quelque complaisance, une religion nouvelle de la
Perse, « le Bâbisme », et que les Bâbys ont une théorie
originale de la révélation. Dieu ne révèle la vérité aux
hommes que par degrés : les révélateurs se continuent et
se complètent.

« Graduellement et à pas bien chancelants mais
cependant ininterrompus, l'humanité marchait. La loi
de Moïse devint bientôt insuffisante, et la nature divine
s'incarnant dans Jésus apporta le christianisme. C'était
un progrès immense. Le monde en profita assez pour
que Mahomet pût apparaître. Il entraîna encore les
hommes un peu plus loin que Jésus ne les avait portés.
Enfin le Bâb parut à son tour, et sa révélation, plus
complète sans doute et, comme diraient chez nous certains politiques, plus progressive, a d'ailleurs revêtu des
caractères assez particuliers, qui sont la démonstration
et la preuve de son excellence (1). » C'est une ascension
progressive vers la lumière. Gobineau parle en historien ;
l'idée d'évolution religieuse pouvait paraître intéressante
au sociologue ; mais nous n'avons aucune raison de
suspecter le croyant.

(1) DREYFUS, p. 251.

CONCLUSION

Nous avons eu déjà l'occasion d'apprécier l'œuvre littéraire et les idées religieuses de M. de Gobineau. Il nous reste à porter un jugement sur le sociologue.

Que penser de la justification gobinienne de l'impérialisme ? Que penser de l'impérialisme lui-même ?

Certes c'est une entreprise grandiose que de refaire l'histoire de l'humanité du point de vue ethnique. C'est une œuvre de proportions épiques : œuvre relativement aisée en principe. Tel peuple est en progrès ? Prédominance du sang arian. Tel autre est en décadence ? Pénurie de sang arian. Le difficile serait de le prouver. Car comment analyser les mélanges ethniques, comment dissocier les éléments constitutifs d'un peuple à tel moment donné de l'histoire ? Quelle que soit la science de l'ethnologue, il doit entrer nécessairement beaucoup d'arbitraire dans les interprétations historiques de ce genre.

Ainsi, par la race et l'histoire, Boulainvilliers consacrait les privilèges de la noblesse. Par la race et l'histoire, Dubos et Siéyès prétendirent consacrer les privilèges de la bourgeoisie et du tiers état. L'abbé Dubos fait reposer sur la civilisation romaine nos grandes institutions nationales ; les descendants des Romains voilà donc les maîtres légitimes. Et plus tard l'abbé Siéyès écrivait dans son célèbre pamphlet : « Le tiers état ne doit pas craindre de remonter dans les temps passés. Pourquoi ne renverrait-il pas dans les forêts de Franconie toutes ces familles qui conservent la folle prétention d'être issues de la race des conquérants et d'avoir succédé à des droits de conquête ? La nation, épuisée, pourra se consoler, je pense, d'être réduite à ne plus se croire composée que des descendants des Gaulois et des Romains. En vérité, si l'on tient à distinguer naissance et naissance, ne pourrait-on pas révéler à nos pauvres concitoyens que celle qu'on tire

des Gaulois et des Romains vaut au moins autant que
celle qui viendrait des Sicambres, des Welches et autres
sauvages sortis des bois et des marais de l'ancienne
Germanie ?... Le tiers redeviendra noble en devenant
conquérant à son tour. » La conclusion s'impose : la
race du plus fort est toujours la meilleure. Quel impérialiste pourrait y contredire, puisque l'idée de la conquête est l'idée impérialiste par excellence ?

Mais dégageons-nous des contingences historiques
pour ne considérer que le principe même, l'élément
ethnique pur. La race suffit-elle à fonder la supériorité
d'un peuple ou d'un individu ?

Il faut certainement tenir compte de ce facteur. Les
égalitaires, théoriciens de l'ethnologie, ont tort de
mépriser le « préjugé des races » (1). Ce n'est pas un
simple préjugé. Chaque race a sa physionomie physique et morale, ses qualités propres, sa valeur particulière. Et il paraît légitime de comparer, sinon de
hiérarchiser les races.

Mais, comme dit Gobineau, les mésalliances ethniques, si elles ennoblissent les races inférieures, dégra-
dent les races supérieures. Il se produit de la sorte
comme un nivellement social. Dès lors les privilèges
de race comme tels nous paraissent archaïques et
suspects. Des forces nouvelles entrent en jeu,
économiques, sociales, intellectuelles, morales, qui
rompent l'équilibre, le vieil équilibre social des peuples
et des classes. Gobineau l'a si bien compris que, dans
les *Pléiades,* à la valeur ethnique il substitue, ou plutôt superpose la valeur personnelle. Et il semble bien
que désormais tout impérialisme doive effectuer la
somme de toutes ces forces et s'imposer au monde par
le maximum de « vie intense ».

Que penser maintenant de l'impérialisme lui-même ?
Si l'on ne veut point se payer de mots, on conviendra
que tout impérialisme est un égoïsme transcendant qui
veut triompher par la force. Avant de se demander s'il

(1) J. FINOT, *Préjugé des races* (Alcan), 1905.

a droit à une justification, il convient de se demander s'il a droit à l'existence.

Ce droit à l'existence, démocratie et christianisme semblent le lui dénier. La démocratie dit : « Tous les hommes sont égaux ; » et le Christianisme « égaux et frères ».

Inégalité, disent les uns. Egalité et fraternité, répondent les autres. Sommes-nous en présence d'une antinomie ? Elle est facile à résoudre.

L'inégalité est un fait. Partout et toujours, il y a eu, il y a et il y aura les forts et les faibles. Au sein même de la démocratie, nous voyons des groupes dominants et des groupes dominés, des majorités oppressives et des minorités sacrifiées. Et il en sera apparemment toujours ainsi. L'impérialisme est un fait : il a droit à l'existence, puisqu'il existe.

Mais a-t-il droit à une justification ? (nous prenons ce mot de justification au sens moral.) Non certes ! on ne saurait justifier ni consacrer le droit de la force. C'est pour donner le change que les impérialismes font appel à des considérations d'ordre si élevé : mais ils ne trompent ni les autres ni eux-mêmes.

L'impérialisme ne se justifie pas, il s'explique : ce qui n'est pas du tout la même chose. Il s'explique, si l'on veut, par l'énergie de la race, les accroissements de la population, les progrès de l'industrie et mille autres causes. Mais il ne faut pas, par je ne sais quel tour de prestidigitation, ériger le fait en droit.

L'impérialisme est une loi de nature, nous l'accordons. Mais nature et moralité sont deux, et c'est sur le terrain de la moralité que la démocratie et le christanisme s'opposent et doivent s'opposer à l'impérialisme. Gobineau ne l'a point compris, et c'est pourquoi il s'est montré sévère pour la démocratie et le christianisme.

« Les hommes sont égaux et frères » : qu'est-ce à dire ? L'égalité n'est pas un fait, elle est un droit, « nous sommes égaux en droit ». La fraternité n'est pas un fait, c'est un droit ou un devoir. Egalité et fraternité constituent un idéal.

« L'idée » ne peut supprimer le « fait » ; mais le fait ne peut pas non plus méconnaître l'idée.

L'attitude la plus sage est de chercher à les concilier. Il faut se résigner au « fait », c'est-à-dire ne point se bercer d'illusions pacifistes et rêver de désarmement quand on est entouré d'impérialismes menaçants. Mais, d'autre part, il est nécessaire, il est beau et il est bien, surtout pour un Français et un chrétien, d'exalter « l'idée », de répandre autour de soi le culte de la justice et de la fraternité, afin de corriger le fait par l'idée, afin, dis-je, que l'idéal moral atténue et adoucisse le plus possible les brutalités des impérialismes.

TABLE DES MATIÈRES

1112-06. — Imp. des Orph.-Appr., F. Blétit, 40, rue La Fontaine, Paris.

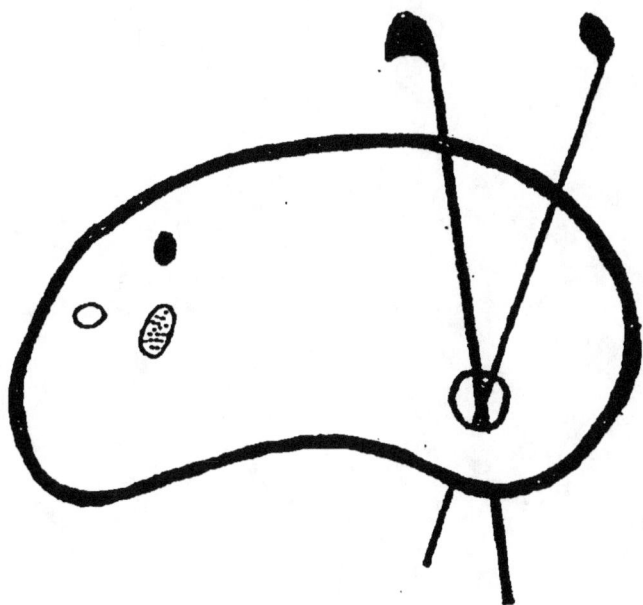

ORIGINAL EN COULEUR
NF Z 43-120-8

www.ingramcontent.com/pod-product-compliance
Lightning Source LLC
LaVergne TN
LVHW022121080426
835511LV00007B/955